本书系2021年山西省高等学校哲学社会科学研究项目"组织员工绿色沉默行为机制研究"（2021W116）资助出版

U0592832

员工工作
绿色化研究

——基于个体感知和行为响应视角

RESEARCH ON THE GREENING OF
EMPLOYEE WORK

—BASED ON THE INDIVIDUAL PERCEPTION AND BEHAVIORAL RESPONSE

赵素芳◎著

经济管理出版社

ECONOMY & MANAGEMENT PUBLISHING HOUSE

图书在版编目（CIP）数据

员工工作绿色化研究：基于个体感知和行为响应视角/赵素芳著．—北京：经济管理出版社，2022.2

ISBN 978 - 7 - 5096 - 8320 - 0

Ⅰ.①员… Ⅱ.①赵… Ⅲ.①企业管理—人力资源管理 Ⅳ.①F272.92

中国版本图书馆 CIP 数据核字（2022）第 038395 号

组稿编辑：郭丽娟
责任编辑：郭丽娟
责任印制：黄章平
责任校对：陈　颖

出版发行：经济管理出版社
　　　　　（北京市海淀区北蜂窝 8 号中雅大厦 A 座 11 层　100038）
网　　　址：www. E - mp. com. cn
电　　　话：（010）51915602
印　　　刷：唐山玺诚印务有限公司
经　　　销：新华书店
开　　　本：720mm × 1000mm/16
印　　　张：11.5
字　　　数：207 千字
版　　　次：2022 年 4 月第 1 版　　2022 年 4 月第 1 次印刷
书　　　号：ISBN 978 - 7 - 5096 - 8320 - 0
定　　　价：88.00 元

前　言

创新、协调、绿色、开放、共享的"五大"理念，是我国进入新发展阶段、构建新发展格局的系统理念，其中绿色发展更是以全新的理念指明了发展的方向。随着绿色发展指向性的逐步明确，绿色思想不仅在社会民众中得以传播，而且在企业经营中也受到重视，绿色管理成为企业全新的管理理念。但是绿色管理理念在具体实践中，由于受到资金、技术、人才及企业效益目标等因素的影响，绿色管理经常表现为逃避环保惩罚的应急性措施。被动式的企业绿色管理理念不足以从根本上达到企业绿色经营的目的。另外，从已有的研究成果来看，绿色人力资源管理在促进员工绿色行为方面起着关键作用，但是关于"绿色"的理解存在差异。员工行为的改变得益于员工个体对行为改变措施的认知和评价，被动式的绿色管理难以激发员工自发、自愿的绿色行为。因此，在研究企业实施绿色人力资源管理时，必须研究员工如何理解并响应绿色管理。从个体感知视角探讨员工在工作过程中的绿色化产生机制、边界条件等，以此为基础促进绿色组织公民行为的产生，具有很强的理论和实践意义。

本书综合文献研究、质性研究、量化分析方法进行理论研究和实证检验。首先，通过文献研究系统梳理了绿色内涵、绿色人力资源管理、员工绿色行为、感知和行为关系等文献，提出尚且存在的和值得研究的问题。其次，在文献研究的基础上，对企业人员进行深度访谈。依据扎根理论方法对访谈所得资料进行编码，形成主范畴的典型关系。再次，根据质性研究结论，通过开发量表，形成问卷。采用问卷调查获得量化分析数据，进而对员工个体感知及行为响应的关系进行实证检验，构建了员工工作绿色化的模型。最后，根据研究结论提出相应的管理建议。

本书在写作过程中得到了多位研究者的指导和多位企业界朋友的支持和鼓励，同时在出版过程中，出版社老师提出了宝贵意见，在此一并表示衷心的感谢。由于作者水平有限，书中难免有疏漏之处，恳请读者给予批评指正。

目　录

第一章　绪论

党中央、国务院统筹国际国内两个大局形势所提出的碳达峰、碳中和目标是针对今后发展建设的重大战略决策，体现了中国对于绿色低碳发展和生态文明建设的承诺，力求人与自然的和解。从中国的规划来看，与欧洲自然发展过程形成的碳达峰和碳中和不同，中国对碳排放人为地规定了期限，这也是中国碳达峰和碳中和目标实现的重要挑战。因此，碳达峰和碳中和目标的实现需要发挥社会民众、企业和政府的积极主动性，有意识地、自觉地减少对环境的影响。因此，对于企业而言，绿色经营则是当前企业积极承担社会责任的重要选择。

但是中国企业绿色经营的推进之路并不顺畅。从工业绿色发展的角度来看，绿色发展体现的是生产要素的绿色化、生产过程的绿色化以及产品和服务的绿色化。就企业层面而言，理想化的状态则是投入、生产、产出的全过程、全方位绿色化，方可有效地促进国家层面的绿色化并带来消费市场的绿色化。现实中，企业的绿色经营既要面对约束性的法律法规，又面临提倡性的绿色呼吁。在不同性质的外部情景中，有的企业管理者能够身体力行，以身作则，坚决执行并积极主动实现企业绿色经营；但也有的企业由于监督机制缺乏、自身意识不足、存有侥幸心理、标准不明确、遵循惯例等，企业的绿色经营止步不前或者发生反弹。其背后原因无论是企业战略层管理者的绿色意识淡薄还是员工自身绿色观念不足，都在一定程度上反映了企业整体人力资源本身的问题。无论从国家宏观层面还是从企业组织层面，发展战略的制定、制度的规范、程序的设置皆需由人力资源来实现。同时，企业员工在实践中的多重角色，如组织政策的接收者、管理实践的执行者、生活中的消费者、公共政策的倡导者等多重身份的交织影响员工的选择。因此，发挥企业员工进行绿色化转变的积极主动性，是自下而上推动企业绿色经营发展的重要动力。据此本书认为，在企业的绿色经营和管理中，人力资源成为企业能否赢得绿色竞争优势的关键。因此，基于人力资源管理的视角，挖掘员工对企业绿色经营的认识以及行为响应，对于支持企业及整个社会绿色发展起着关键性的基础作用。

第一节　研究背景、目的和意义

一、研究背景

近年来，工业化发展的"后遗症"逐渐显现，全社会越来越意识到环境保护的重要性。在环境治理过程中，程恩富（2016）认为，在治理环境方面，承担绿色发展主体角色的应该是企业，应鼓励企业通过技术创新和管理创新实现节能减排、高效生产、兼顾实现经济效益、社会效益和生态效益。但是中国企业的绿色经营却因各种原因而受阻，例如，因企业本源的逐利性特征，外商将高消耗、高污染的产业转移到中国；民营企业钻监管不严的空子，往往污染治理的投入低于国有企业（史丹，2018）。尽管如此，受到法律规制影响，绿色管理思想也逐渐被企业接纳和支持。绿色管理强调环境保护是企业内部一切经营过程必须重视的事，而不只是国家环保部门的任务。但是在绿色管理的具体实施过程中，企业往往将环境管理或绿色管理作为避免污染惩罚的应急性举措，积极主动型的环境管理重视不足，真诚度不够。从组织作为开放性系统的特点出发，积极参与绿色行动是企业社会责任也是企业竞争优势的主要来源（Porter & Kramer，2011）。此外，研究也认为，企业主动型环保战略可以建立企业的绿色智力资本，与环境利益相关者建立良好的关系，形成企业的绿色创新（潘楚林和田虹，2016）。在企业利益相关者的压力和国际规范的影响下（Singh & El‐Kassar，2019；Quesada et al.，2018），企业也在逐步向环保或绿色管理转变。在具体的实际运行中，却存在各种阻碍因素，比如：一方面，企业由于资金、技术等方面的限制，短期内高投资和低回报的投入产出效益达不到企业的预期；另一方面，缺乏对企业的硬性监管机制，而且企业违约的成本相对其他国家而言又较低。同时伴随着市场中绿色消费处于发展期，市场拉动力有限的现实。因此，企业绿色管理多表现为服从型的绿色管理，即遵守环境规制达到标准即可，表现为企业的社会义务和响应，企业的绿色社会责任欠缺。

在绿色管理发展的同时，企业管理者也认识到企业工作人员行为对实现环境保护的作用，强调人力资源在组织具体环境战略落地过程中的推动作用，突出了员工环境友好行为对企业的环境管理目标的重要作用（Renwick et al.，2013；Daily et al.，2009）。绿色人力资源管理成为企业界和学术界的关注点。从当前关于绿色人力资源管理的研究来看，国外研究聚焦在人力资源管理具体职能绿色化在企业经营中对环境保护所起的作用。对企业实践层面而言，绿色人力资源管理关注如何从管理层面通过对员工的影响达到组织的环保目标。而对于未实施绿色人力资源管理或绿色管理的组织而言，员工或雇员是否会践行绿色行为及其相应的影响因素有哪些？此类的问题并未得到有效的解答。同时，组织员工的个体行为也存在"绿色短板"现象，即个体对绿色行为的无意识或认识不深，从而使组织所推行的绿色发展计划在落地时存在短期效应，角色内的绿色行为表现为短暂性和被动性，角色外的绿色行为甚至很少出现。有研究认为，影响员工行为的最主要因素是员工所感知的人力资源管理实践，而不是实际的人力资源管理实践。此外，员工个体可以独立提出和实施降低环境影响的工作行为，人力资源部门在促进环境知识开发方面的前提在于员工对环境问题的敏感性（Mansoor et al.，2021）。从实践出发，对于绿色管理或绿色人力资源管理而言，组织层面的管理理念与员工个体行为存在不确定关系，即员工个体可能表现出与企业管理理念相一致的行为，也可能与企业绿色管理实践背道而驰，表现出绿色组织公民行为。本书认为不确定关系存在的决定因素是员工对绿色工作的内在认知。

此外，从工业绿色发展的角度来看，绿色发展体现的是生产要素的绿色化、生产过程的绿色化以及产品和服务的绿色化。企业员工本身既是生产要素，也可以控制生产过程，更有可能是产品和服务的消费者，具有较强的能动性。绿色人力资本作为绿色智力资本的重要组成部分，与社会资本相结合推动绿色经济发展（Chen，2008；李宝元和黄韬，2010），而且绿色人力资本作为无形资产根植于员工本身而非组织，因此，绿色人力资本对企业具有价值性和难以模仿性（Mansoor et al.，2021），是组织绿色经营的重要核心资源。"996 工作制"引起的热议及世界卫生组织将"过劳"纳入《国际疾病分类》的举措，在一定程度上说明在经济发展的同时，不仅自然资源的可持续性遭受威胁，人力资源的可持续性也处于被破坏的状态，是一种"非绿色"的人力资源状态。追求身心健康、身心愉悦以及和谐的工作环境则本身也是"绿色人"的应有之意。绿色组织建设则是"绿色人"的现实基础（石建忠和刘群慧，2013；何小琏和李小聪，2007），以人的绿色化支撑组织绿色化发展。从整个社会的发展来看，保证生存质量可持续改善的发展才是有意义的发展，也是绿色发展的硬核。因此，员工作为劳动者，劳动过程中也要追求绿色劳动，满足劳动者的多层次需求，回归劳动的本源（欧阳志远，2014；姚裕群和国福丽，2018）。

综上所述，本书基于绿色管理受阻、绿色人力资源管理理念差异以及员工个体自主性的特征，认为触发绿色行为应充分发挥员工本身的能动性。因此，本书认为企业的绿色发展应以员工本身为基石，应关注员工对客观事物的感知及对应的行为，从员工个体感知视角研究绿色行为产生机制。

二、研究的目的和意义

（一）研究目的

绿色发展理念体现了社会价值观的生态化取向以及公众绿色意识的觉醒（余永跃和雒丽，2017），企业的环保战略可以与环境利益相关者建立良好的关系，而人力资源在组织环境战略实现过程中的基础支撑力必不可少。然而员工作为能动性主体，对组织实践有自己的认知，认知的差异导致员工心理和行为表现有所不同。企业的绿色管理的效益取决于员工对绿色管理的认知。同时，在绿色人力资源管理的研究中，管理者或学者认为既应该包括环保，又应包含和谐，表现为对人力资源管理的外在附加，而忽视了员工本身对工作中绿色化的认知及一系列的心理变化。

因此，本书拟围绕员工对工作中绿色的感知这一视角，采用质性研究和量化研究相结合的方法探讨员工工作绿色化的过程。主要围绕如下问题展开研究：员工视角的绿色感知内涵是什么？分类维度有哪些？绿色感知与行为的关系如何？绿色行为有哪些表现？哪些因素可能对感知行为路径产生影响？什么样的具体举措能促进员工自发式绿色行为的长久性？

本书基于对企业绿色发展重要性的认可，同时结合企业绿色发展现状以及理论界对"绿色"的多重理解，旨在从员工视角分析其对绿色的认知以及工作过程中的绿色行为。本书的研究目标具体可以概括为：一是基于员工感知视角，阐明员工个体对绿色的理解，探究员工绿色感知的内涵及构成，补充绿色人力资源管理理论，为员工的绿色管理提供理论支持；二是揭示在个体感知视角下，员工工作绿色化的作用路径或机理，为促进员工工作方式的绿色化转变提供经验证据；三是以此研究结论为企业管理层的绿色干预提供指导，为管理者实施绿色管理提供参考，以提高绿色管理的效率和针对性，实现员工和企业的良性发展。

总体而言，通过对员工个体感知和绿色行为的内在机制进行深入的论证和探索，丰富绿色人力资源管理的研究成果，促进员工和组织的绿色发展。

（二）研究意义

1. 理论意义

本书以当前中国发展的主要战略导向为背景，如转型、高质量、绿色发展，基于人力资源作为企业发展重要基石的事实，从员工的绿色感知和行为响应视角研究员工工作的绿色化过程。

第一，本书丰富了对员工绿色行为进行研究方面的文献。对于员工绿色行为，现有的研究多集中在领导者行为、组织管理方式等组织层面如何影响员工行为。相对而言，现有研究将绿色行为作为一种组织成员应该展现的既定行为，缺乏从员工认知角度的研究。员工对绿色的认知是克服行为短期效应的关键所在，员工认同在一定程度上能确保行为的延续性。因此，相较于其他文献，本书强调从员工感知到绿色行为的路径，丰富了员工绿色行为研究在企业人力资源管理领域的文献。

第二，本书考虑了现有研究对"绿色"的差异化解读，从员工感知视角对"绿色"进行界定，并综合了在感知和行为响应路径中的行为结果、参照群体以及员工个体习惯便利偏好的边界作用，为员工从感知到行为发生的机制提供参考。

2. 实践意义

员工工作绿色化是企业绿色发展或可持续发展的重要支撑。企业的价值追求、战略及目标的实现都依赖于组织内员工的认识、理解和行动。在企业绿色发展的过程中，员工对绿色化问题的认识或感知程度等心理因素作为内因决定了绿色化转化或长久性的可能程度。同时企业组织的环境因素又可能促使或阻碍员工感知转化为行动。具体而言：一是对员工绿色感知内涵和影响因素的研究，有助于明确员工对绿色工作的认识以及哪些因素会影响其内在感知，为如何影响员工的内在感知提供了着手点。例如，就组织管理层而言，不可否认组织的制度规范会影响员工的心理认知。但是员工在作为企业成员的同时，其本身也具有独立性。本书将解释在对员工感知的影响方面，个体独立性特征与组织层因素的作用力大小。因此，通过本书的研究，有利于为全面理解员工认知的差异提供实践指导。二是通过对感知影响行为响应的路径研究，从组织人力资源管理角度能够指导管理者采取有效的举措促进员工绿色行为的产生。管理者可以为员工营造绿色氛围来促进中介机制的产生。例如，通过公开认可绿色行为结果，提高绿色行为意向，从而实现绿色行为。为员工自身的绿色可持续成长乃至企业的绿色长远发展提供可行的指导建议，丰富现代企业人力资源管理的管理策略。

第二节　研究内容及技术路线

一、研究内容

本书基于中国绿色转型发展的背景下，针对企业绿色发展过程中人力资源不可或缺的特性，围绕员工工作绿色化的主题，从绿色感知和行为响应的角度在维度构建、实证检验分析及管理建议等方面展开研究，为促进企业绿色发展及员工的可持续发展提供依据。

主要研究内容如下：

第一，研究背景、意义和主要内容。此部分通过主要分析绿色发展的严峻形势和员工绿色行为实施困难的问题，这也是本书的现实背景。在此基础上提出了本书的研究意义、方法、技术路线等。

第二，文献梳理和理论基础。此部分系统分析相关文献，梳理了绿色内涵、绿色人力资源管理、绿色工作、绿色感知与行为等相关文献和相关研究进展，分析了国内外学者关于企业中绿色人力资源管理以及与员工绿色管理相关的研究现状。目的是通过对国内外关于员工或人力资源绿色管理研究现状的梳理、分析和简要评述，为本书主题的提出奠定了理论基础，同时基于此也阐明了本书的创新点。

第三，工作绿色化的质性研究。此部分首先介绍了选择质性研究的原因以及具体的操作流程，从研究设计、资料收集及资料分析过程展开。通过拟定访谈提纲、确定访谈对象并进行深度访谈，应用扎根理论对访谈资料进行分析，探究了工作绿色化的作用机制。根据扎根理论的操作流程——进行分析，并对构建的模型内涵进行阐述，阐明了员工个体绿色感知的内涵，构建了范畴间的典型关系。

第四，工作绿色化的量化研究。此部分包含研究假设的提出、量表构建、预测、正式调研、假设检验、模型修正及研究结果讨论。依据文献基础与质性研究结论，从绿色感知和行为响应视角构建对应的测量量表。通过问卷调查收集数据，进而对模型进行实证检验，并对检验结果进行讨论，以量化研究结果阐明工作绿色化过程。

第五，结论、建议和展望。此部分对研究结论进行简要概括，并根据研究结论提出可供参考的管理建议。同时对研究的不足进行反思，进而提出下一步的研究方向。

二、技术路线

立足于更有针对性地推进个体层面的绿色工作过程，从而促进个体、企业、社会可持续发展的联动效应。围绕形成推进员工工作绿色化的系统化路径，本书沿着如下思路开展研究（见图1-1）。

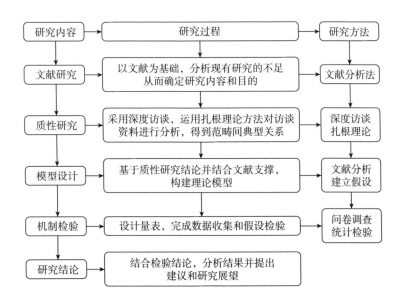

图1-1 本书研究的技术路线

（一）理论基础

围绕员工绿色议题，对"绿色""绿色人力资源管理""绿色工作""绿色感知和行为"等有关于"人"的绿色化研究结论进行理论的梳理、比较和分析，在此基础上，提出员工工作绿色化研究的议题和理论基础。

（二）从员工绿色感知和行为响应视角构建员工工作绿色化的理论模型

在员工工作绿色化的议题指导下，通过对全国多地的不同行业、不同职位等企业人员的深度访谈，调查企业人员对于"绿色"的认知和见解以及其行为选择等相关资料。运用扎根理论方法对所得的访谈资料进行编码，通过编码从绿色感知与行为响应视角构建员工工作绿色化的理论模型。在此基础上，结合已有的研究结论和研究进展，提出研究假设。

（三）理论模型的检验

以理论模型为基础，参考相关文献选取和构建测量量表，通过预测试所得数据的分析对量表进行修正，形成正式量表。进而采用形成的正式量表对企业人员开展大规模的调研并对获取的数据进行分析，对基于绿色感知和行为响应视角的工作绿色化路径中各因素进行统计分析、相关性分析、回归分析、中介及调节效应的检验，根据量化检验的结论对假设以及质性研究的结论进行修正和解释。

（四）员工工作绿色化的建议和研究展望

根据质性研究和量化检验的结果，深入分析结论的形成机理。基于研究结果，对如何在企业管理过程中有效地促进员工工作绿色化等问题提出可行性建议，并根据研究的不足以及可行性，展望本书研究主题未来可能的研究方向。

第三节　研究方法

本书在理论分析的基础上，结合实践中的调查结果，运用组织行为学、心理学、计量经济学等学科理论，开展员工工作绿色化的研究。在研究方法上，采用定性和定量分析相结合的方法，通过文献分析法、质性研究和量化研究、访谈法和问卷调查法等研究方法，确保研究过程的有理有据，使研究的逻辑性和严谨性得以保证。具体如下：

第一，文献分析法。文献分析主要用于对所关注的研究主题现状的掌握，以前人研究成果为基础来启迪新的切入点。文献的阅读是做研究的关键一环。本书通过文献研究法主要解决以下几个问题：首先，梳理国内外文献中围绕员工"绿色"问题的研究现状，为确定研究选题提供文献依据；其次，整理和分析关于绿色感知和行为的相关文献以及对行为研究理论模型的梳理，从其他学科领域的分析成果汲取研究成果，为研究员工的绿色感知和行为提供指导。这一过程要求掌握大量相关文献，文献的获取渠道主要来自网络出版资源，包括中国知网、读秀、百度学术、Web of Science 等网站，在文献筛选上优先选择权威期刊或引用率较高的文献进行精读，再采用文献的参考文献"顺藤摸瓜"式方法来丰富文献资源。

第二，质性研究方法。鉴于目前从员工绿色感知和行为响应视角研究工作绿色化问题时，缺乏相对成熟的研究成果。本书首先通过访谈法对处于不同行业、不同层级、不同岗位的员工进行深度访谈。然后以访谈所得资料为基础，采用扎根理论方法对访谈内容进行分析，形成员工视角的关于绿色工作的核心内容以及相关的概念和范畴。

第三，量化研究方法。在通过质性研究形成概念以及范畴的关联性后，量化的检验能使研究更为严谨。通过理论基础分析并结合访谈的内容，同时在借鉴相关成熟量表的基础上，设置相对应的问卷内容。通过预测试、分析及正式问卷的形成、问卷发放、数据收集和资料分析，形成研究主题的论证依据，为实证分析做准备。在对问卷调查所得数据进行量化分析时，使用统计分析方法对假设进行统计检验。采用描述性统计分析对样本进行统计分析；采用相关性分析对各变量之间的相关性进行分析；采用回归分析对模型中的因果关系进行初步分析；采用结构方程模型检验模型中的中介效应；采用 SPSS 中的 Process 宏程序检验模型中的调节效应；采用独立样本 T 检验和单因素方差分析对绿色感知和绿色行为响应的人口统计特征差异进行分析。

第四节　本章小结

本章首先从国际形势以及国内的政策导向和学术界对"绿色"的相关建议、论述以及研究成果出发，从国内发展导向以及组织发展实际两方面，采取层层递进的形式论述了工作绿色化的选题背景；其次阐述了本书的研究目的和选题的理论与实践意义，并对本书重要的章节安排、主要研究内容以及在研究中可能使用的研究或分析方法进行了简要概述。

第二章　文献综述

　　全面完整的文献回顾和分析有助于研究者明确主题的研究现状，了解是否已有清晰的研究成果。对员工工作绿色化进行研究，必须对当前的研究成果、概念等加以分析，并以相关的理论为基础，如绿色人力资源管理研究成果、员工绿色行为等。因此，在本章中，首先，对绿色的内涵进行简要梳理，归纳出对绿色的不同解读；其次，从绿色工作、绿色人力资源管理、绿色感知等角度梳理相关研究成果；最后，对研究成果进行评述和总结，指出现有研究的不足以及本书研究可能开展的相关工作。

第一节　"绿色"的内涵及外延

　　目前，"绿色××"的应用范围非常广泛，但也未达成统一的认知。就"绿色"最本源的内涵而言，绿色最初只是大自然中自然形成的一种植物颜色，是大自然中最普遍的基本色调，是光谱中介于蓝与黄之间的一种颜色。

　　之后绿色概念向外延伸，绿色成为生态环境的代名词，逐渐出现在社会、政治、经济领域，如绿色政治、绿色制造、绿色营销等提法相继出现。此时绿色强调人与自然的共生和人类活动的适度性。绿色表现在不同的领域有其特殊的含义，如经济发展各个环节践行一种低碳环保、绿色循环、高效节约的全新行为方式（方兰和陈龙，2015）；十部门印发的《关于促进绿色消费的指导意见》中绿色消费则是反对过度消费、奢侈消费，强调"绿色"的适度性；绿色医院表现的是患者安全与和谐医患关系（羊轶驹等，2013），突出的是"绿色"的人际和谐理念；绿色教育中对幸福、关怀、公正的绿色价值导向（丁道勇，2011），突出显示的是"绿色"的社会主流价值导向性。此时绿色不再单一强调人与自然，同时重视人与人、人自身。另外，发源于东欧等国家的"绿色情人节"，则是意在倡导绿色、环保和乐活精神，提倡用独特而环保的方式向爱人表达爱意，在过情人节时不必让地球为此付出代价。

此外，就人性角度而言，色彩心理学认为绿色是一种自然、调和的色彩，有生命永久、安全、和平之意（原田玲仁，2013）。绿色性格的人具有典型的温和特点，包容和善，追求简单随意的生活方式。欧阳志远（2014）在研究绿色发展时认为，之所以用"绿色"而不是用"生态"来表征发展，在于绿色与生命具有天然的亲和力，强调自然生息和人民幸福的统一，是包含主体在内的整个物质系统。在此前的研究成果中，也有学者从生命健康角度对绿色进行了探讨，比如何小琏和李小聪（2007）在关于绿色激励的论述中，认为绿色激励的前提是"绿色人"的假设，目的是帮助员工缓解工作压力，保持员工身心健康，追求身心的和谐、健康和人生的幸福。因此，"绿色人"成为人们新的追求目标，是基于员工的身心健康受到严重损害和职场高压的现实背景。同时，石建忠和刘群慧（2013）也提出"绿色人性"，认为人之所以努力工作和学习，其最终目标是实现长期的、可持续的、高质量的幸福生活，肯定人的身心健康是获得此幸福生活的根本。此外，石建忠和刘群慧（2013）进一步指出了绿色人性是在过度压力、以人为本的管理理念以及绿色企业和组织构建基础背景下提出的符合时代特征的假设，是从以人自身的身心健康的维持为出发点而提出的关于人的假设，而不是从追求组织绩效的角度提出的，压力过大造成的不安全感也会影响员工的创新（赵素芳和王才，2021），不利于创新型国家的建设。绿色人的内涵应包括绿色个人、绿色人际、绿色人与自然、绿色人与社会。将绿色与自然人相结合，强调满足人的本源性需求。绿色人的研究虽然未像"社会人""经济人"等人性假设一样引起巨大的社会反响，但就其内涵而言，绿色人却体现了其现实的紧迫性和必要性，反映的是对人本真状态的一种期待，也是对现实世界的反思。

可见，从"绿色"的含义发展来看，对绿色的不同解读是在不同的情境下服务于特殊的目标表达需求而展现了不同的含义。"绿色"尤其是在中国的语境下，与国外环保含义相比，其外延范围比较广泛。总体而言，"绿色"一词更多体现为一种"中庸"导向，注重人类活动的"适度"，强调人与自然和谐共处（如人对自然资源的适度消耗）、人与人的良性互动（如人对他人交往中言行约束）、人自身的内在平和（如身心的健康）。

第二节　绿色工作

美国劳工统计局认为，绿色工作是指所生产的产品或提供的服务有益于环境或自然资源的保护，或者使生产过程更加环保或者使用更少自然资源，关注的是生产过程和结果输出的环保效应，是在减轻环境影响的低碳世界中的体面工作，是对保护环境做出贡献的工作。中国人力资源和社会保障部劳动科学研究所课题组在中国绿色就业研究的课题中，将绿色工作或就业定义为：国民经济中相对于社会平均水平而言，低投高产、低耗少排、能循环可持续的产业、行业或岗位上工作，使经济活动和生存环境绿化的就业（刘俊振等，2016）。绿色工作或绿色就业通常具有功能环保性、行业非均衡性、标准相对性、覆盖全面性等特点。奥地利和日本则从狭义的角度对绿色工作进行解释，即在生产绿色产品和绿色服务的行业中就业；德国对绿色工作的定义则关注被美国所忽略的过程方法，即环保行为如环保咨询、计划、运行等；欧盟则是增加了转型方式代替环保行动（Song et al.，2021）。就绿色工作或就业的含义而言，各国对其界定略有差异，根源主要在于其对地球生态系统促进作用关注点的差异而非概念本身。在绿色工作的相关研究中，Martínez - Cruz 和 Núez（2021）通过离散实验方法，得出被调查者对可再生能源以及新能源领域的绿色工作的支持更强。绿色工作或就业不仅得到了民众的支持，其同时也有利于解决经济衰退和环境恶化。在肯定了绿色工作的正向作用时，Song 等（2021）研究了绿色工作的供给和需求匹配问题，研究认为绿色工作主要集中在中心城市或中心带，而且与水源和空气质量相关的工作数量较多，创造匹配的绿色就业岗位有利于减少环境危害，提高环境质量并减少失业率。从事绿色工作的人被称为"绿领"，联合国环境规划署认为"绿领"是能够对保护和修复环境起到重要作用的劳动者，而刘俊振等（2016）认为，"绿领"是在绿色产业内从事绿色工作的人，以及绿色的工作和生活的人，倡导并践行健康、自然、环保、简约等生活方式，但中国对于"绿领"的研究较少。

第三节　绿色人力资源管理与员工行为

本书的研究聚焦在员工工作中的绿色化，而人力资源管理作为影响员工认知、行为的组织职能，从人力资源管理的视角研究工作绿色化具有现实基础。绿色人力资源管理作为组织中直接与员工行为相关的组织管理手段，其与传统人力资源管理存在重要区别，表现在对"绿色理念"的引入。由于国内外关于绿色人力资源管理理念的差异，本小节以国内和国外分类对绿色人力资源管理与员工行为关系等的研究成果进行梳理。

一、国内绿色人力资源管理研究

从国内已有的研究成果分析来看，以"绿色人力资源管理"为关键词在中国知网上进行检索，将检索范围限定在 SCI/EI/核心/CSSCI 时，被收录的文章较少。从已收录的文章来看，对"绿色"范畴的不同界定和解读使国内绿色人力资源管理的内涵及应用都有所差异（赵素芳和周文斌，2019），后续内容将根据其差异对绿色人力资源管理的研究结果进行梳理和分析。

（一）生态观导向

国内关于绿色人力资源管理的分析和关注最初是从"绿色"的环保观念切入，比如杨光（2003）以绿色管理的实践需求为目的，认为如果在企业的管理过程中，将环境保护的意识纳入日常的经营管理活动时，那么企业践行的就是绿色管理。因此，绿色人力资源管理则是绿色管理中具体职能的绿色化，其作用就是支持和配合企业的绿色发展战略，但内涵相对较为零散。此后，从文献角度来看，绿色人力资源管理的研究并未引起足够重视，但是在为数不多的文献中，绿色人力资源管理的环保观念得到了支持。例如，唐贵瑶等（2019）认为，绿色人力资源管理注重组织的环保目标，旨在通过一系列具体的管理措施帮助企业提升环保绩效以达到企业发展的可持续性结果，也关注与外部利益相关者的关系。通过环境保护战略的实施为企业赢得绿色竞争优势的人力资源管理（黄旭等，2016），应将环境保护的理念融入企业人力资源管理的具体管理环节，如招聘、培训或绩效考核指标的设定中（万玺，2012；高艳和原璐璐，2015）。具体而言，比如在新员工的招聘选拔环节中，通过设置环保题项对候选人进行测评，优先选择具有环保意识的候选人；或者将环保知识的学习、环保技能的训练纳入日常员工的培训内容中且主张应该使用节能环保的培训方式，比如使用电子教程以及远程教学等。以此观点为基础，其他学者继续研究人力资源管理在环境保护过程中的作用机制。刘婷和谢鹏鑫（2011）以低碳经济发展为引导，认为绿色人力资源管理可以成为低碳经济健康运行的新支点，因为低碳经济要求员工在企业活动中节约资源，保护环境，合理利用人力资源，从人力资源管理的"五力"即引导力、排斥力、支持力、牵引力、驱动力角度来积极响应低碳经济。张玉静和段雯袆（2014）认为，绿色人力资源管理是其能在避免环境污染或保护环境建设，促进企业可持续发展过程中起到的作用，提出绿色人力资源管理职能环节的绿色化并提出了绿色人力资源管理的路径。刘佳鑫等（2017）认为，在企业发展的绿色价值链中，企业如果拥有绿色人力资源，在一定程度上可以保障企业从容面对外部环境问题。

国内以环保观念对绿色人力资源管理进行实证分析的相关研究中，Tang 等（2018）以中国为背景，通过参阅国外绿色人力资源管理的研究成果，构建了适应中国本土研究的 GHRM（Green Human Resource Management）的五维度量表。原璐璐（2016）通过问卷调查的形式对绿色人力资源管理与企业环境绩效的关系进行了量化研究，研究结果显示两者呈显著相关关系，且验证了员工的组织认同感起中介作用。在绿色人力资源管理实践中，员工对该实践的认知结合自身对自我资质的评价影响员工对绿色行为的选择（赵素芳等，2019）。同时，米海德（2017）通过量化分析得出绿色人力资源管理与员工满意度及资源使用率正相关，而且员工满意度与资源使用率相关。也有研究强调员工培训和组织环保态度对组织环保业绩的正向影响，即组织越重视员工培训、领导越重视环保，则组织环保业绩越好（Li et al.，2012）。从侧面表明人力资源管理环节的环保意识导向对于达成组织的环保目标是有效的。绿色人力资源管理、组织环保氛围、员工组织认同感和员工满意度等因素通过影响员工行为从而进一步影响组织的环保业绩，表明在追求环保绩效的过程中员工对组织因素认知的重要作用（见图 2-1）。

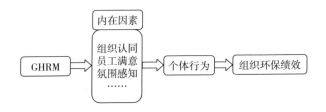

图 2-1 生态观 GHRM 机制

总体而言，生态观导向下的绿色人力资源管理强调通过人力资源的绿色管理实践，实现组织的环境保护方面的效果，是对企业绿色经营战略的支持性策略，但其前提是企业对绿色发展或绿色经营战略的支持，否则绿色人力资源管理则缺乏支柱。

（二）和谐观导向

当研究者对"绿色"的环保内涵进行分析的同时，一部分学者对"绿色"的内涵进行了更深入的剖析。魏锦秀和李岫（2006）认为，"绿色"的含义应进行扩展，该研究认为绿色的含义不应该仅仅局限在生态保护的范围中，其他含义，例如民主性、人本观、和谐性、可持续性，都应该是"绿色"的应有之意。

在绿色扩展含义的引导下，提出绿色人力资源管理应有新的价值追求。基于"人是目的而不是手段"的认知，认为绿色人力资源管理应该关注人本，目的是达到"三态"和谐，即生态和谐（人与自然环境的和谐相处）、心态和谐（员工自身的和谐，包括良好的思想品质、较高的科学文化素质、良好的自我调节能力等）、人态和谐（人与组织的和谐和人际间的和谐）。在"三态"和谐的目标引导下，绿色人力资源管理的视角已然不再局限在生态环保方面，更注重具有能动性的人力资源本身需求的满足。在绿色扩展含义的指引下，追求"三态"和谐成为研究的新方向。石俊（2014）以石油企业为研究对象，分析并构建了石油企业的绿色人力资源管理模式，并且从投入产出的角度，以三方博弈结果为参考，认为如果要在石油企业实施绿色人力资源管理，短期内需要政府补贴，但是长期而言则无须政府补贴。以和谐观指导下的绿色人力资源管理为依据，遵循经济、健康、和谐、成长、民主和个性化原则，通过绿色招聘、绿色培训、绿色薪酬、绿色绩效、绿色员工关系和绿色参与，目标是实现生态和谐、心态和谐、人态和谐（见图 2 - 2）。在和谐观导向下的绿色人力资源管理，刘先涛和石俊（2014）认为，低碳经济下的绿色人力资源管理的主体是知识型员工，应借助内外环境及人力资源管理的绿色化，通过创造良好的工作环境和有效整合知识型员工的知识积累，同时兼顾员工的性格、能力、特长和发展需求，最终达到"三态"和谐。周文斌和张任之（2019）认为，绿色员工管理是以人为本的管理理念和模式，应充分尊重员工的价值实现，应为员工提供安全、健康、和谐、富有竞争力的工作环境。

图 2 - 2　和谐观 GHRM 机制

总体而言，扩展含义下的绿色人力资源管理范围更广、内容更丰富，也更倾向于强调人力资源的"人本"需求，不再将人力资源管理的目标局限在达成组织的环保指标，而是超越了环保范畴，以人本身的需求为出发点，更尊重员工本身对自身需求的满足和长期的成长和发展。

(三) 员工绿色行为

绿色行为通常被认为是个体所表现出的有利于环境保护的行为模式。员工绿色行为则是对场所和情景限定后的行为方式，关注工作场所中的员工所呈现的有利于环境保护或节约资源的行为。在不同的文献中，员工绿色行为也经常使用员工环保行为或亲环境行为来表达，就其内涵而言，员工绿色行为和员工环保行为并无本质上的区别。

在员工绿色行为的研究中，周金帆和张光磊（2018）以自我决定理论研究了员工的不同的工作动机对员工绿色行为所产生的不同影响，且分析了绿色价值观的作用。该研究将员工绿色行为分为任务相关绿色行为和自愿绿色行为，也有研究将绿色行为分为角色内绿色行为和角色外绿色行为。从内容上看此分类与任务相关绿色行为和自愿绿色行为内涵存在大部分重合之处。也有研究基于计划行为理论，在中国情景下分别分析了中国传统领导思想和文化对员工绿色行为的影响机制，并通过访谈法对影响员工绿色行为的因素进行归类分析。刘竟婷（2016）基于计划行为理论、社会学习理论和社会交换理论分析环保道德型领导对员工绿色行为的影响机制。邢璐等（2017）基于社会学习理论和情感事件理论，从认知（企业社会自认价值观）和情感（积极情绪）两个视角分析了责任型领导对下属绿色行为的双路径机制。此外，也有用研究论证了领导行为对绿色沉默行为的机制，认为作为自我约束的道德解脱在其过程中存在作用力（赵素芳和周文斌，2021）。

因此，从已有的研究来看，关于员工绿色行为的界定基本清晰，即关注员工工作场所内的环保行为，目的是减少员工自身行为对环境的不良影响，分别从个体因素（积极情绪、组织支持感、动机）和情境因素（传统领导思想、领导风格、组织价值观、绿色人力资源管理实践）等分析了对员工绿色行为的影响，且对员工绿色行为进行测量的量表多采用国外学者开发、缺乏中国情景的量表。从绿色行为的研究来看，绿色行为的分类及内涵更符合前文中生态观引导下组织所期望的行为模式，研究显示和谐观引导下的绿色行为研究较少，仅仅是对和谐观的绿色人力资源管理进行了理论陈述，实证检验不足。

二、国外绿色人力资源管理研究

国外关于绿色人力资源管理的研究比国内起步早，研究成果也较为丰硕。就内涵上而言，国内生态观导向下的绿色人力资源管理与国外研究是一致的。GH-RM 通常被认为是直接与员工行为关联的管理理念和措施，是人力资源管理实践以环保为导向，以公司环境绩效为目标，设计实施的人力资源实践，包括工作岗位描述和分析、招聘和筛选、培训和开发、绩效评估和报酬，是影响组织环境业绩的一系列紧密相关的实践活动（Ackermann，2017；Shen et al.，2018；Jackson & Seo，2010；Rayner & Morgan，2018；Milliman，2013）。在员工绿色行为的研究方面，国内与国外对绿色行为的认知是一致的，即员工在工作中所表现的有益于环境的行为。

绿色人力资源管理反映了管理层的管理理念和组织目标。因此，在 GHRM 的影响因素方面，研究发现变革型领导与绿色工作岗位描述和绿色报酬有显著正向关系，管理者的人力资源管理能力能通过改变组织的结构、资源、沟通和持续学习的方式等主动适应环境保护的需要（Yong & Mohd – Yusoff，2016）。Mehtab – un – Nisa 等（2016）认为，在环境管理中，管理者的支持和承诺非常重要，一方面有助于形成组织环境保护的文化，另一方面高层管理者的承诺能保证环境管理实施所需的各种资源，例如，时间、金钱、劳动力等。环境领导实际上是变革型领导，与传统领导相比表现出更多的变革倾向。在员工的绿色行为中，管理者对员工的能力、动机和绿色行为的关系起调节作用，即管理者越支持，员工越有可能实施绿色行为。但管理者对环境知识和绿色行为的调节作用不显著。

GHRM 除了通过管理者行为影响员工绿色行为外，在塑造员工的绿色价值观和培养员工的环保能力和环境承诺方面也表现了较强的积极作用。在员工绿色观念的培养中，Ragas 等（2017）研究认为，GHRM 实践对员工的生活方式具有溢出效应，使"绿色"根植于员工观念中，成为对环境负责的个体。当 GHRM 促进员工绿色生活时，GHRM 实践和员工工作业绩的关系更强。员工是 GHRM 实践的驱动力，有助于企业有效实施绿色人力资源管理。环保实践的成功在很大程度上依赖员工的参与，员工生活的可持续导向也会延伸至工作中的绿色行为，进而提高员工的满意度、提升组织承诺。工作和生活的绿色具有相互溢出性，也有研究表明生活中的绿色行为比工作中的绿色行为更常见，究其原因是员工对生活中的绿色机会拥有更强的控制性（Rayner & Morgan，2018），此研究结论表明了绿色行为中员工自主性的重要作用。员工的日常行为受到多种因素的影响，工作描述、工作目标、奖励和认可是引导员工行为的最主要的一些因素；同时员工的行为还受到他人行为模式和相应结果的影响，员工还具有自我导向性（Jackson & Seo，2010）。在关于 GHRM 实践对不同类别员工绿色行为或决策的研究中，Du-mont 等（2017）通过对员工和管理者的调查发现，GHRM 对员工的角色内行为存在统计上显著正向关系，同时员工的绿色心理在两者关系中起部分中介作用。

在 GHRM 和员工的角色外行为关系中，员工绿色心理在两者中起完全中介作用，同时员工个人的绿色价值观在绿色心理和角色外行为的关系中起正向调节作用。研究认为角色外行为受个人价值观的影响主要是因为角色外行为未得到正式的评估和奖励，这些行为主要是受到个人认知的影响。Saeed 等（2018）认为，GHRM 对积极环境行为既具有直接正向影响又具有间接影响，员工绿色心理具有中介效应，员工环境知识调节 GHRM 和积极环境行为的关系。中介作用和调节作用的存在说明员工的积极主动环境行为未得到正式的认可和奖励，因此员工的积极主动环境行为主要受到个人对组织环境问题感知程度和评价的影响，员工的心理认知对环境行为起决定作用。Shen 等（2018）则关注 GHRM 的"非绿"结果，比如员工满意、员工激励或组织承诺。Kim 等（2019）认为，人力资源管理并不能直接产生员工预期的工作结果，需要经过一系列的社会和心理过程，如感知组织支持、产生组织认同。

因此，组织在实施与员工个体关系密切的 GHRM 时，组织内成员的心理认知、价值观、组织认同感等个体层面因素作用于 GHRM 的实践过程，是个体层面因素和组织因素的融合作用过程。即使在组织追求环保绩效时，GHRM 也是通过员工绿色行为来得以实现的（Yong et al.，2019）。从 GHRM 研究来看，组织重视绿色文化的塑造、绿色制度的制定以期达到财务绩效、环境绩效及满足利益相关者的诉求。然而，关于员工如何看待组织的绿色管理实践的研究有限（Kim & Choi，2013）。总体而言，从员工感知视角来看，内外部利益相关者压力及组织文化、GHRM 策略、绿色价值观以及员工对组织实践的评价作为影响员工感知的因素，共同促进或阻碍员工的行为实践。

第四节　绿色感知与行为

根据牛津词典对 Perception 的解释，认为感知是人们对事物本质的看法、见解或悟性，人类对某一特定条件或事件的感觉或知觉反应是人类对感受或知觉的下意识能力。对于绿色感知的界定方面，目前学术上并未形成明晰的认知，主要集中在对具体环保选择的认识方面。

主观感知的研究与实际情况可能存在一定的差距，但是与个体的反应则是紧密关联的。曾空和徐方平（2017）认为，当先进的生产力和科学技术破坏了自然环境时，单纯的想凭借先进的生产力和科学技术来解决绿色环境的发展愿望是不可能的，最重要的是人类的绿色发展理念和对绿色环境发展的认识，只有把"绿色环境发展"理念内化于心，外化于行，才能使绿色环境得到可持续发展。因此，从个体对环境的理念以及由此而衍生的对应行为视角对环境问题进行研究有助于此问题的有效解决，目标是以绿色理念启迪个体思想，以绿色行为弥补集体的无意识，做到绿色化的"透"和"遍"，即绿色深度和广度的延展。

从已有的研究成果来看，明确研究员工的绿色感知与行为关系的文献相对较少，但仍然可以从关于绿色感知研究的侧面借鉴研究思想。例如，关于员工在绿色感知及行为的研究方面，王建国和杜宇（2014）从理论上分析了组织的绿色支持感对员工绿色行为的影响，且构建了绿色行为中组织支持感的三个维度：倡议支持、行为培训和行为奖励，但该研究并未对其作用机制进行实证分析，结论有待验证。邢璐等（2017）从认知视角出发，考察了作为个体对伦理和企业社会责任重要性感知的企业社会责任价值观对员工绿色行为的影响，证明了个体对组织实践感知的关键作用。Norton等（2014）的研究基于规范行为理论，认为员工的心理机制影响组织可持续政策的有效性，研究结果显示员工的组织可持续发展感知与员工绿色行为呈正向相关关系，其中员工的组织绿色氛围感知在组织可持续发展感知和任务型绿色行为中起中介作用，同时员工的同事间绿色氛围感知在组织可持续发展感知和自愿性绿色行为中起中介作用，中介效应无交叉，结果表明不同类型的绿色行为有不同的前因变量，对员工绿色行为的判断不能一概而论。此外，Liphadzi和Vermaak（2017）在关于南非煤炭和铁矿石公司可持续水资源管理办法的研究中发现，雇用熟练工人及改善绿色基础设施有利于水资源的可持续性，同时也发现人口统计因素如年龄、受教育程度、工作经验或职位对员工关于水资源可持续管理办法的看法有显著影响。在关于组织绿色管理的研究中，组织内部成员对组织绿色措施的评价更具说服力。例如，在一项关于绿色大学和非绿色大学的调研中发现，虽然两类学校总体的可持续方面表现并无较大的区别，但由于绿色大学给予学生更多的环境信息和参与可持续发展的机会（Renata et al.，2018），学生的绿色评价更高，更容易推动绿色化建设。因此，在组织绿色举措和个体的行为方面，客观存在的组织举措固然重要，但更重要的是个体对组织行为是否了解以及个体如何解读等个体感知起到关键作用。

从以上与组织绿色经营相关的研究可见，组织的客观存在（如环保政策、环保规范等）为个体行为的发生提供了外在条件，客观存在的影响结果依赖于个体对客观存在的了解和解读。此外，关于绿色感知的研究，消费领域的研究较为丰富。因此，可以从消费领域的相关研究予以借鉴。

在消费领域关于绿色感知和行为的关系研究中，发现消费者的绿色感知是一个多层面的概念。如在关于绿色食品的消费者行为研究中，消费者感知的情感价值对绿色消费行为具有显著的促进作用，但感知的功能价值和社会价值对绿色消费行为的影响不显著。同时，不同的绿色消费态度和行为人群表现为不同反应（叶进杰，2018）。Li 等（2009）研究认为，绿色 IT 的有用性、易用性、个体的环保意识三要素皆对采用绿色 IT 的行为意向有正向影响。同时该研究还认为，在环境氛围的塑造中，个体因素是主要因素而且应将对个体的改变放在首要位置。周蕾（2015）研究发现，消费者本身的创新性影响对产品的绿色感知价值，且环境知识起调节作用，即环境知识越丰富，感知的绿色价值也越强，绿色消费意图也会随之越强。除了感知价值，感知行为控制也是影响消费者行为的因素，如研究发现在绿色变轨高技术产品的消费中，感知行为控制的两个维度（感知控制和自我效能）都显著影响消费者购买意向（杨煜，2019）。薛永基等（2016）在绿色消费的研究中不仅研究了感知价值的作用，同时在计划行为理论基础上加入了预期后悔变量，结果表明如果人们对未来做消极预期，就不会允许自己的行为背离主观规范。在计划行为理论基础上，研究也证实环保价值观和个人感知相关性对绿色购买意愿有正向影响（盛光华等，2019）。与此同时，也有研究发现消费者关于绿色产品的态度和行为并不总是一致的，受其他因素的影响使态度和行为存在不一致性（盘荣健，2018）。此外，也有研究认为在大规模环境风险的背景下，将环境现象和个人行为之间建立联系存在困难，最根本的是让人们相信自身已经处于风险中，而且他们可以且应该采取行动来将风险降到最低（Meijinders et al.，2001）。值得注意的是，在认可消费者的绿色感知是绿色消费行为的重要预测变量的同时，更重要的是，消费者的绿色感知对绿色产品消费也可能会产生不利影响。比如消费者会认为绿色产品价格较高、需要更多时间进行搜寻或者是在获得绿色产品时存在各种困难等，类似因素都将会阻止其绿色消费行为的产生（Tan et al.，2016），即感知的价值选择倾向决定行为的方式。Diamantopoulos 等（2003）研究认为，千禧一代更表现为绿色态度而非绿色行为，此外千禧一代也没有把环境置于个人舒适或方便之上，并没有认为自己有责任改变自己的行为以对环境产生积极影响（Grønhøj & Thøgersen，2009）。

可见，在市场交易的过程中，个体的意识非常重要，但是如果生产者不遵循环保政策，那么要鼓励持有环保观念的消费者购买该公司产品是没有作用的（Li et al.，2009）。目前市场的消费者不仅了解绿色产品且对绿色产品持正面态度，说明绿色产品未来的市场前景较好（Yaacob & Zakaria，2011）。而从供应链的角度来说，员工的绿色感知及行为应是绿色消费产生的前提，因此对绿色消费市场起关键作用的员工绿色感知可以成为创造绿色产品市场的基础。在关于绿色感知和行为的研究中，员工工作行为受到工作场所行为导向与个体认知的交互作用的影响。在组织绿色或可持续发展的过程中，组织价值观、政策、规则等约束员工行为。但有研究认为，组织政策和员工行为之间不存在必然的正向关系（Ramus & Steger，2000），此研究也进一步揭示了研究员工感知和行为关系的必要性。

从以上关于感知和行为的研究来看，个体对环境问题或绿色化问题必要性的认识和重视可以作为预测行为的关键变量，但已有的研究也揭示此机制受多种因素影响。感知和行为的关系路径较为复杂且员工绿色行为在满足员工本身和组织期望的同时，也可能带来员工的自我损耗（刘竟婷，2016），个体对此过程的利弊、得失评估必然会影响两者的关系。同时从已有的研究结果来看，以员工对工作中绿色的认识为研究切入点进行绿色感知和行为的研究较少，多集中在消费领域。从消费者感知的已有成果来看，而且以感知为视角的分类具有多样化的特点。因此，从感知和行为视角对员工工作绿色化进行研究，既可以借鉴消费领域的理论基础和研究成果，同时也存在较大空间的研究可能性且具备实践必要性。

第五节　研究评述

国内外基于员工感知和行为视角的工作绿色化研究相对缺乏，但从已有的研究来看，"绿色"是宏观经济发展、中观组织获得竞争优势、微观个体道德和价值追求的趋势。从市场交易角度来看，消费者绿色消费驱动生产环节的绿色经营。从组织内部发展来看，组织员工的绿色认知和绿色行动是实现生产过程和结果绿色化的关键。绿色作为一种导向，是人类对"非绿"行为的反思。在经济目标驱使下导致自然资源过度消耗和生态环境的破坏，使各国政府和国际组织开始重视"可持续发展"。但中国经济发展存在的三个悖论使环境保护效益受到影响，如民营企业钻环境监管不严的空子，污染治理投入低于国有企业；外商转移的高消耗、高污染产业等（史丹，2018）。受限于认知水平、技术水平和管理方式，绿色发展和绿色管理主动意识不足，资源和能源环境压力较大。基于资源基础观（Resource-based Viewpoint），人力资源由于其稀缺性、价值性、难以复制和排他性的特点，是组织竞争优势的主要因素（Wright et al.，2001；Barney 1991），也是从组织基层发挥绿色主动行为的关键。如果要发展绿色经济、创建绿色组织，那么经济活动中的"人"应是从事绿色劳动的行为人。劳动与人的关系应该厘清，其对人是生活的手段，应有亲和性，而不应当损害人，而应有益于从事劳动的人自身，绿色劳动倡导必须肯定劳动的主体地位，关心劳动者的多层次需求（Jabbour et al.，2013；姚裕群和国福丽，2018）。此外，"绿领"阶层的产生，根源在于人与社会、人与环境日趋恶化的资源破坏，以及社会节奏的加快，生存压力较大，员工身心俱疲，缺乏快乐感，渴望回归健康的生活本质（刘俊振等，2016）。以往的研究集中在通过对人力资源的绿色管理达到组织自然资源及环境的可持续性，但是却忽略了同样作为组织竞争优势来源的人力资源的绿色化，如公平公正的奖励体系、保护员工的身心健康等（Greenwood，2002；Kramar，2014；Ehnert，2009）。在梳理文献的过程中发现，员工本身在组织的管理措施和组织目标实现过程中起关键作用，例如，有研究发现绿色人力资源管理通过影响员工的态度和行为而最终影响组织绩效，但是应该明晰，相对于实际的人力资源管理，对员工态度和行为能够产生影响的是员工自身所能感知到的人力资源管理（张瑞娟和尹奎，2018）。因而从感知视角研究对应的绿色行为具有合理性。

因此，综合已有的文献资料，本书认为目前的研究存在以下两个问题：

第一，对"绿色"解读的多角度问题。"绿色"可以被认为是人与自然的问题、人与社会的问题以及人自身的问题，可以是国家宏观层面的理解、组织层面的理解，也可以是从劳动者个体层面的解释。那么，从企业员工感知的视角出发，"绿色"应该涵盖哪些方面？存在什么问题？诸如此类的问题并未得到有效解答。

第二，基于员工对"绿色"的理解，工作绿色化问题。从员工对绿色的理解和解读切入，员工对工作中的绿色化问题的认识和行为表现如何？工作场所的绿色化受到哪些因素的影响？如何实现员工自愿自发的绿色行为？

基于前人的研究成果，围绕存在的问题进行研究分析，在个体对工作绿色化研究成果明晰基础上以期有利于更进一步地推进组织层面的绿色化管理并丰富绿色管理的相关研究。

第六节　本章小结

本章主要围绕"绿色"主题，并将其与员工感知和行为相结合的研究成果进行梳理和分析，分别从绿色的内涵、绿色感知及行为的研究成果以及绿色人力资源管理与员工行为的关系等对已有文献进行分析。在对绿色内涵、绿色人力资源管理、员工绿色行为、绿色感知与行为等主要文献研究结果进行了梳理和分析的基础上，认为从已有的研究结果来看，绿色人力资源管理及绿色员工行为仍聚焦于绿色的环保之意。国内绿色人力资源管理中和谐观并未明显体现在实践中，更多体现在理论层面。同时从员工个体角度的工作绿色化而言，员工对"绿色"的认识以及绿色感知程度和广度如何并未进行深入分析，且员工绿色感知和行为响应之间的关系有待挖掘。

通过分析发现，学术界对绿色的理解和解释并未形成统一的口径，外延非常广泛；在员工工作绿色化问题中，主要集中在组织层面的管理或领导者行为对员工行为的影响上。但是从员工个体对绿色问题感知角度进行的研究相对较少，绿色感知一词多用于消费者对绿色产品或绿色服务的感知，即主要用来分析消费领域，而员工作为生产者和作为消费者是存在身份差异的，因此，关于员工作为生产者的绿色感知研究存在进一步研究的可能性。现有研究成果关于员工绿色行为、消费者绿色感知等为本书的研究提供了一定的理论基础。此外，在生产和服务领域的绿色问题研究中，主要集中在绿色人力资源管理或者领导方式等外部情景对绿色行为的影响，忽视了员工绿色感知和行为的心理机制在员工工作中的研究。

第三章　工作绿色化的质性研究

　　根据前文中的文献梳理，本书认为基于员工绿色感知和行为响应对工作绿色化发生机制进行研究属于一个相对宽泛且新颖的研究点。为了进一步剖析员工工作绿色化的成因，厘清工作绿色化的内在机理，力求从根本上破解推动绿色行为的难题，在后续的研究中，本书旨在通过质性研究和量化研究相结合的方法，着重研究员工感知视角下工作绿色化结构和作用机制，揭示如何促进员工自发自愿式绿色行为的发生，从而针对性地提出推动绿色行为的管理建议，推进个人、企业、社会绿色发展目标的实现。本章主要通过探索性研究，提出个体感知和行为响应视角的工作绿色化机制，为后续量化研究奠定基础。

第一节　研究设计及资料收集

　　扎根理论作为质性研究的一种理论方法，是一种从资料中发现和建立理论的特殊方法论。从文本、音频、电影、录像等经验性的资料分析中建立理论是扎根理论的宗旨。本书运用扎根理论操作程序和方法对组织中的员工、管理者进行访谈，目的是获取更贴近企业实际的经验资料。本书选择质性研究的依据：首先，员工工作绿色化以员工感知为切入点，员工对"绿色"的认识当前没有一个确定的答案，符合质性研究"宽泛的无确定答案的研究问题"的探索性特点；其次，研究者本人具备企业工作的经历且积累的人际网络，能确保有充足的企业人员参与访谈，因而以访谈的方式进行资料收集具有实施的可能性，满足质性研究对原始资料的要求；最后，研究需要获取员工对绿色工作的真实内心感受，质性研究在此方面具备优势。

　　本书资料收集的具体流程及内容如下：

一、确定访谈对象

　　本书在确定访谈对象时，采取分层抽样的思路，以行业分层，从不同行业中抽取企业人员进行访谈。确定受访人员时应遵循以下标准：一是相关性，受访者应对工作中的绿色化有一定的了解和见解，如果受访者表示对此问题"没什么想法"或"没有思考过"等语句，那么此人会被婉拒。此外，在受访者的选取上也以学历作为参照标准，目的是保证访谈内容能被受访者所准确理解。因此，以学历为本科及以上为第一筛选标准，在针对管理者时，这一标准适当降低为大专学历。二是意愿程度，受访者从主观上愿意参与并且客观条件也允许参与，比如有合适的时间参与访谈，且愿意就目前自身的工作状态或期望发表自己的意见。

二、访谈提纲设计

本书的质性研究以访谈资料为主，为了保证访谈"有的放矢"，访谈开始前必须确定围绕研究主题的访谈提纲。因此，在访谈开始之前，设计了访谈提纲（见附录一）。访谈提纲的确定一方面基于前文中的文献，另一方面是与指导老师商量拟定。在初步拟定后，邀请了企业人员进行模拟，最终确定的访谈核心问题围绕"对绿色工作的看法以及绿色行为的影响因素"展开。本书将采用半结构化访谈方法，主要围绕访谈提纲进行，并适时进行追问。

三、访谈具体实施

首先，访谈预约。由于受访者均是企业的工作人员，为了避免受访者工作由于访谈被中断，研究者均提前和受访者确定正式访谈时间及可能的访谈时长，明确告知受访者访谈时长不低于 30 分钟以及访谈全程录音和访谈资料仅用于学术研究等基本信息。此外，由于客观条件的限制，本次访谈采用面对面访谈和电话访谈相结合的方式进行。出于确保访谈内容效果的目的，又由于访谈内容会涉及受访者所在单位的实际情况或涉及对所在单位的评价，为了消除受访者的心理顾虑，也为了避免工作场所的情境因素对访谈有效性的影响。因此在预约阶段也确定了访谈方式及访谈地点，且均建议受访者选择在下班后、周末或假期进行。

其次，访谈前准备。在正式访谈开始前一天，均会通过邮件、即时通信工具等向受访者发送访谈提纲，从而让受访者提前对访谈中的问题有所思考和准备，避免思考不足导致信息不全面。

再次，访谈进行。按照前期的准备工作正式进行访谈。访谈初始会询问受访者一些基本的个人信息，由于访谈不可避免地出现自我形象维护或刻意隐瞒的现象，为了尽可能克服这一问题，在访谈进行过程中会从一些轻松的话题切入，拉近与受访者的距离，以便尽可能让受访者轻松地参与话题讨论并能够真实地表达自己的想法。访谈过程中会根据受访者提供的信息追问一些问题，让访谈更加完善。

最后，访谈结束。访谈结束后，将录音转换为文字材料，便于后续的编码工作的进行。

出于一致性的考虑，本次主要访谈工作由笔者本人完成。访谈工作从 2020 年 7 月中旬开始，9 月完成，访谈数量以信息饱和为原则，即当新的受访人员无法再提供新的重要信息时则停止进行访谈。最终本书选择了 36 位来自北京、上海、重庆、深圳、乌鲁木齐、太原、杭州等地的受访者参与访谈，其中 4 位受访者由于时间安排问题提供了书面资料，受访者信息如表 3 - 1 所示。从表 3 - 1 中可见，访谈对象的选择达到了多类别、广覆盖的目的，涵盖了国内不同行业、不同年龄段、不同性别、不同学历、不同职位的工作人员。虽然访谈未涵盖所有行业的人员，但访谈内容达到了信息饱和的要求，可以用于主题的研究分析。

表 3 - 1　受访者基本情况

性别	年龄	学历	职位/职务	行业
男	34	硕士	研发人员	塑料制品
男	36	硕士	职员	房地产
男	30	硕士	销售代表	医药制造
男	38	本科	生产人员	机械制造
男	35	硕士	车间小组长	建材制造
女	32	本科	销售代表	房产中介
女	26	本科	服务员	餐饮
男	29	本科	柜员	银行
男	34	本科	采购组长	化工
男	38	硕士	经理	旅游
女	35	MBA	营销总监	金融
女	35	本科	办公室职员	银行
男	40	本科	副总	新能源
女	58	本科	职员	物业
男	56	本科	生产副总	石油
男	36	本科	会计	煤炭
男	55	本科	研发总设计师	钢铁
女	33	博士	总经理	物联网
男	33	本科	职员	通信
男	39	硕士	职员	铁路
女	35	硕士	职员	互联网
男	35	本科	职员	培训教育

性别	年龄	学历	职位/职务	行业
男	36	本科	销售总监	房地产
男	35	硕士	大区经理	IT
男	30	本科	职员	电力
男	34	硕士	处长	制造
男	30	硕士	职员	金融
女	31	硕士	职员	互联网
女	34	本科	人事主管	纺织制造
男	57	本科	总经理	设备制造
男	45	硕士	车间主任	化工
男	34	博士	实验员	新材料
男	36	本科	职员	银行
女	38	硕士	职员	银行
男	34	本科	职员	培训教育
男	35	大专	主管	煤炭

第二节　资料分析过程

本书关注企业员工对工作过程中绿色化的认识，聚焦于员工绿色感知及与行为响应之间的关系。员工在工作过程中对绿色化或绿色行动存在一定的自我认知，既会形成自我认同也会出现认知失调。员工对工作中绿色的认识也会因个体在素质、态度、能力、教育等方面的差异，对绿色感知的认识存在不同，因此需要识别影响员工绿色感知的因素，并在此基础上建立绿色感知维度与各个影响因素之间的关系模型。

绿色感知依赖于员工的自我感觉，具有较强的主观性和多变性。扎根理论的方法能够深入挖掘员工对工作过程中绿色化的认识及行为响应中的信息，从访谈数据中收集编码资料，构建员工工作绿色化模型，揭示当前员工绿色行为的现状。

将访谈中的录音文件进行文字转录是进行资料分析的前提条件。在转录过程中本书尽可能遵循受访者原意，但每位受访者在交流过程中难免会有一些衔接语句或者一些无意义的口头禅，因而在转录时本书对此部分内容进行了删减，转录后总字数达到 4.5 万字左右。为了保持访谈结果的时效性以及实时记录访谈过程的信息，本书的访谈转录任务均在访谈当天完成。按照访谈先后顺序抽取前 25

份资料进行扎根分析，后 10 份资料用来检验饱和度。在此分析过程中，同样严格遵循扎根理论的编码程序。同时，为了避免编码者主观个人意识对编码过程和编码结果的影响，尽可能提高编码过程的客观性，本书采用笔者编码及邀请同行编码相结合的方式进行。同行的选择为人力资源管理专业的博士毕业生，在前期，笔者对选题进行了详细介绍。访谈转录完成后，根据编码流程，分别就访谈资料进行单独编码。每一个阶段完成后，对编码结果进行对比，对于编码过程的不同意见，由双方多次商议协定。

一、开放式编码

本书采用主观编码的方式。首先，多次通读访谈的文本资料，对访谈所得的资料进行初步筛选，删除一些与主题相悖、无关或回答模糊不清的内容。考虑受访者提供资料的所有可能的意义，并仔细审查其语境。其次，对经过初步筛选的受访者资料进行逐句编码，这一过程实际是对所得资料进行打乱。原始语句形成的编码数量巨大，通过不断的比较、归纳，形成初始概念。最后，对概念进一步提炼和归纳，并命名形成初始范畴。在建立范畴的过程中，以出现 3 次及以上相同或相近原始语句作为建立范畴的筛选标准，在人口统计学变量上本书适当对该原则予以放宽。为了表达清晰，表 3 - 2 列出的为具有代表性的原始语句和初始范畴内容，A ＊＊用来表示第几位受访者。

表 3 - 2　开放式编码内容

初始范畴	原始语句
环保意识	（1）A09 环境污染很严重，不能仅依靠国家强制治理，每个个体都应该对环境做贡献，因为这个居住环境是关系到每一个人的，不能有事不关己高高挂起的态度。 （2）A19 近些年出现的水污染、土地污染、重金属污染等都让人触目惊心，保护自然环境刻不容缓。 （3）A01 公司每年的纸张使用高达十几万元，虽然不多，但是不仅运行成本高，废纸的后续处理也会带来环境污染及各种资源的浪费。 （4）A01 我们工业园区的空气不好，空气中有很明显的刺鼻的味道。 （5）A05 工作过程中明显的感觉就是打印纸的浪费，打印的材料可能用一次就不用了。 （6）A06 绿色企业的建立从产品设计环节就应该坚持节能、减排、使用可回收或环保材料。 （7）A06 不仅关注自己公司的产品，还应该关注供应链下端客户产品的可再生性。 （8）A07 在单位，打印纸的使用或空调温度的设定方面，例如，我自己就认为在室外温度没有达到一定高度或很低时，可以不用开空调。但在实际工作中，办公室不是你一个人的，还有其他人，就需迁就其他人。如果仅是个人倡议的话就会产生矛盾，因为每个人的观点是不一样的。

初始范畴	原始语句
环保可行性	（1）A01 信息化程度高的话，会降低纸张的使用，像支付宝等电子支付方式，不仅不再使用钱包，纸币、残币的数量也大幅度下降。 （2）A01 3D 打印技术，国外比较成熟了，但国内的行业标准比较零散，甚至是错的。但我们生产又必须要参照技术标准，技术标准零散，导致新工艺无法推行，没办法实现新工艺对老工艺的替代，没办法达到绿色工艺标准。 （3）A07 我个人认为打印纸完全可以双面打印或者已经单面打印的纸张可以整理出来供二次使用。 （4）A22 我们在环保方面尝到了甜头，环保在我们这不是一种支出，而是一种产出，不仅没有增加成本，还带来了额外的利润，从声誉、形象上给企业带来了正面的影响。环保成为一种生产力、形象力、竞争力。
健康意识	（1）A01 关于塑料制品的使用，这种行为和我的工作没多大关系，但是我们都清楚，各种塑料袋、塑料餐盒在加热使用时，塑料粒子会进入我们的身体，危害健康。 （2）A02 有时工作应酬又难以推辞，通常我会以健康为借口进行推托。 （3）A04 这些年比较重视运动健身这种健康的生活习惯，主要是自我认识提升了，不再拿身体换业绩。 （4）A06 绿色工作主要是合理地分配时间，减少不必要的加班。 （5）A08 就铁路系统来说，运行安全是第一位的，安全就降低了对人力资源的消耗。 （6）A08 出于对身体健康的考虑，我认为空调温度不能过低或过高。温差太大对身体不好，所以在单位我对空调温度比较在意。 （7）A12 工人的绿色意识这几年非常强，要求单位提供的生产场所符合环保、健康要求，比如增加空气净化器或排风扇，保证工作场所的舒适，不会对自己的身体带来损害。 （8）A12 现在人们的生活水平提高了，不再局限于满足物质生活，人们对健康长寿的需求增加了，员工的环保、绿色意识很强。
健康可行性	（1）A06 由于生产周期、生产工艺、连续化生产等工艺方面的限制，工人需要连轴转，三班倒。这样的工作方式实际是不利于员工身心健康，或者说不是一种绿色的工作状态。 （2）A16 比如我们办公室每人配备一台打印机，我挺不喜欢的，打印机辐射很大，每人一台也是浪费资源，完全可以在一个角落装一个稍微大点的多功能打印机。 （3）A08 比如办公室抽烟这样的行为，有的工种值夜班，用抽烟来提神，我们也能理解，但实际上是不认可。但单位又没有规定不能抽烟，你自己干预别人就会被人认为多余。
内心平和	（1）A08 公司的监控设备最初是为了指导现场工作，现在成了监督大家一言一行的工具，让人很疲倦。不是说不应该监督，而是这种监督让人觉得不被信任，让人很心累。 （2）A13 绿色工作我觉得是在自己能力内达到舒适平和的内心，从内心来说达到平静和快乐的状态。 （3）A13 大家把精力集中在由完成工作带来的满足感，不为了名利，希望是一种我工作我快乐的状态，回归一种很简单的工作状态。 （4）A03 我的薪酬和同学相比不算高，但我没有离职的打算，我觉得主要的原因是我喜欢公司的文化，那种坦诚、积极的文化。

续表

初始范畴	原始语句
宣传引导	（1）A05 新闻媒体的宣传对提升员工的绿色环保意识非常关键。 （2）A10 有些地区绿色理念宣传比较多，那么人的意识就更深刻，行为也就更先进。 （3）A16 社会媒体应该具备独立性、有主见，应该承担传播正面思想的责任，应该起到引导社会正确导向的作用。 （4）A17 把那部分没有环保观念或意识淡薄的人的观念扭转过来，这种环保宣传和教育要不停地开展下去。 （5）A16 在过去大家实际上也知道吃不完浪费，但打包又不好意思，因为没人带头。现在这种光盘行动推广后，你看大家都主动打包，没什么顾忌，实际上大家心里很有这种观念，或者是说心照不宣，需要一个社会风气的推动。
教育培育	（1）A05 书本、网络都可以提升我的环保意识。 （2）A09 从小的家庭教育，导致一个人的习惯很难一下子发生改变。 （3）A10 绿色理念应该从小教育，固化在人的大脑中，这样就会自然而然地表现出绿色的观念和行为，否则即使学历很高，可能就会出现这种绿色行为的短暂性。 （4）A14 自己以前所学到的知识让我很清楚污染带来的危害。 （5）A22 绿色意识的培养上，教育很重要，从小就要灌输约束个人行为的意识。
制度要求	（1）A01 减少纸张使用过程中，唯一的不方便是文件需要留档待查，需要有据可查。这一流程使信息化在减少纸张使用方面的作用有限，转而导致使用纸质版。 （2）A01 我们公司有自己的排污站，尽量减少液体、固体污染物的排放，国家环保限制的工艺我们采用绿色工艺或者用相对环保的方案来代替，例如，碳氮硫等的处理过程，我们已经采用了更环保的工艺来替代。纸张方面，我们建立了生命周期信息平台，通过信息化来减少纸张使用，但效果不明显。 （3）A06 我们的工作微信群，公司规定工作通知在工作时间内发布，不在休息期打扰员工，除非有紧急任务。 （4）A11 工作中的绿色行为主要受到公司强制性的制度约束，例如，生产的危废处理、垃圾分类、雨污分流、使用电子文件等。 （5）A12 同事在实验室工作，实验工作仓放置一些甲醛等有害气体，用来检测所生产的产品净化器的净化功能。实验室中的员工就要求必须穿戴防护服。 （6）A12 我们公司在对人体可能影响比较大的车间，用机器人代替人工操作，保证员工的健康和安全。 （7）A12 从产品设计理念到售后维护都灌输环保观念，员工在这一过程中的环保观念也逐步增强了。

初始范畴	原始语句
奖惩监督	（1）A02 公司在绩效管理上，如果月度绩效指标没有完成，会以罚跑步的形式代替过去的罚款惩罚，一方面起到警示作用，另一方面也增强了员工的身体素质，我觉得这种关注员工健康的管理制度是符合绿色发展趋势的。 （2）A07 行为规定后最好的就是要有奖惩。没有奖惩措施，许多环保行为没有约束也会出现很多短期现象，会流于形式。 （3）A15 比如有纸张使用的配额，员工肯定就会有意识地减少，如果有奖惩的话估计效果更明显。例如，单位配额一月一包纸，超出部分自己购买，那绝对会减少使用。
指标明确	（1）A05 在推进绿色工作时，应将环保指标像绩效指标一样下达命令，而不是模棱两可。 （2）A06 组织要求要细化，组织目标清晰并具体地传达到个人，让员工体会到绿色工作对自身的意义。 （3）A06 绿色在企业中没有一个具体的参照标准，各层管理者理解也有偏差，会出现混乱。 （4）A10 绿色行为，就需要提出一些明确的要求和指标，例如，出行、工作、生活衡量标准，这样有利于人的认识深化，形成长期效应。
组织氛围	（1）A01 HSE 管理系统实际上关注环保、健康、安全，而实际上我们的工作关键还是完成生产任务，更倾向于利润的获取，环保、健康、安全处于次级地位。 （2）A06 公司在制定一些绿色政策或制度时，会进行民意调查，但员工参与度不高，很多人认为完成公司交代的任务时不扣我工资就行，其他的不想参与。 （3）A12 工作中的环保氛围使员工的环保意识普遍增强了，例如，员工在家装时就会比较重视室内的甲醛去除，还会使用我们公司自己的产品。 （4）A13 对于小公司来说，生存是第一位的，绿色意识并不是很强。
绩效考核	（1）A06 当员工被要求去以环保的方式完成工作任务时，员工的表现就会不好，因为大家都认为以环保方式工作是一种自愿、自发行为。一旦上升为公司要求行为，就意味着考核，有奖惩了就有压力，积极主动性不高。 （2）A13 公司主要通过绩效或者说是目标来引导员工行为。 （3）A05 长期形成的经济绩效优先的传统使环保目标实现不积极。
管理者支持	（1）A02 我们公司并没有明确提出绿色管理这样的理念，但是公司管理者通过自己的行为塑造绿色健康状态，比如在我们公司，员工上班无故迟到，迟到1分钟，罚跑1千米，公司还给员工配备了运动装备。这主要是因为公司总经理热爱生活，多次提及健康生活的重要性。 （2）A05 比如开会时，我作为员工，明知道打印十份材料会造成浪费，但是没办法，上级领导就要求必须按参会人头打印，然后会议一开完，会议材料就都丢弃了。 （3）A07 如果企业有制度规定或领导发话了，比如规定室外温度达到32摄氏度时才开空调，且空调温度不能低于多少度，大家就会遵守了。 （4）A10 如果领导者观念是绿色的，且在工作中也是这样表现的，就会起到带头作用；如果领导都不重视，那作为下属就觉得没必要了。

初始范畴	原始语句
资金支持	(1) A01 3D 打印所使用的原材料目前价格很高，例如，我们生产的诱导轮，现在工艺的铸造成本加上磨具成本 10 个还不到 3 万元，但 3D 打印一个就需要 3 万元，成本太高。 (2) A06 信息化时，需要大量的资金和时间，制造业的成本压力也很大，企业需要通过各方面来压缩成本，使一些想法难以落实。 (3) A07 对中小企业来说要达到国家环保要求成本很高，导致企业市场竞争力不足。 (4) A12 焊接、打磨环节，产生的粉尘比较大，要求企业增加粉尘净化设备，但企业生产这些设备投资比较大，由于资金短缺，会导致一些员工诉求难以实现。 (5) A17 我们是洗煤厂，也是当地环保、税务、银行重点关注的企业，我们的环保措施很全，原煤、精煤仓都是室内，有喷淋设备、轮胎清洗设备、道路喷洒设备、雾炮车等。
个体经历	(1) A01 我们经常看到的海洋生物被搁浅在沙滩，解剖后发现胃里都是各种塑料。所以我日常就努力不使用塑料袋。 (2) A17 我同事就得了尘肺病，从那以后，我特别注意自己的健康。 (3) A21 山西煤矿的污染相对而言比较严重，煤矿的粉尘对员工的身体非常有害。这种特殊性，会导致一些职业病。
个体规范	(1) A02 员工的自我意识是节约资源的关键，比如关闭电脑对安全的考虑会少一些，主要是出于节约资源。 (2) A07 塑造员工绿色行为时，如果是仅靠监管的话，不仅监督人累，而且员工对监管者还会产生抵触心理，认为你是多管闲事，理想状态是每个人都应该自觉有这种意识。 (3) A10 有的人就是领导要求了就做好，或者有监督了就遵守，有一时没一时，自己一个人时就很随意。 (4) A09 工作过程中用到的纸、笔等易耗品能节约我就节约，我就是觉得能做我就做点，不论大小。 (5) A21 企业是地方性企业，对于自己生活的环境大家的关注度比较高，比较支持环保行为，毕竟自己的家乡需要自己爱护。
群体压力	(1) A07 但在实际工作中，办公室不是你一个人的，还有其他人，就需迁就其他人。如果仅是个人倡议的话就会产生矛盾，因为每个人的观点是不一样的。 (2) A07 工作中的绿色追求我觉得不是个人想就能实现的，会受到工作小群体的影响。比如拿关灯来说，你走过楼道发现灯开着呢，也没人，你就随手关了。但后面进来的人就会不高兴，觉得你关灯了影响他走路了。但是这件事我也不知道后面还有人。久而久之我也就不关了，感觉自己给别人带来不愉快一样。 (3) A10 个体绿色行为没有具体标准，所以人与人的交流很有必要，思想碰撞出火花，一些好的行为通过交流就可以扩散，那样全社会可受益。 (4) A14 有时我觉得我的行为是对的，但和周边的团队成员行为不一致时，有些人就会觉得你矫情，多此一举，甚至有些还有一些讽刺的意思。 (5) A22 对于非环保的行为，周围人不劝阻反映了人们心里的那种无奈或者觉得名不正言不顺，觉得会被认为多管闲事。

初始范畴	原始语句
榜样作用	（1）A16 公司并没有具体的规章制度来推进绿色的工作方式，但领导会通过自己的行为来影响员工。例如，我有几次晚下班，就看到我们领导在关大厅的灯，后来我也时不时地注意有没有关灯。 （2）A06 公司如果树立一些典范、榜样，比如某个员工提出了某项新工艺可以减少公司的材料消耗或减少排放时，如果公司给予该员工先进员工的称号等荣誉称号，就会带动其他人。 （3）A16 单位领导也非常重视节约，文件都是双面打印，有时你单面打印了，领导就会提醒你可以双面打印。 （4）A23 还有就是你身边的人会很直接地对你的行为产生影响，例如，我和同事出差，下车时，他就捡起酸奶盒扔进了垃圾桶，我当时就觉得自愧不如了。
便利偏好	（1）A05 同事就不喜欢关电脑，甚至晚上下班都不关，他说开关电脑麻烦，浪费时间。 （2）A09 我不愿意用一次性餐盒，所以有可能我就自带餐盒。但自带餐盒清洗不方便，随身携带也有些不便，因此一些好的想法又难以落实。 （3）A12 在喷漆环节，按照操作流程需要穿防护服，佩戴防护面具。但佩戴防护面具会让呼吸不那么顺畅，有些不方便，觉得不舒服，因此一些员工就会违规不佩戴。
习惯	（1）A02 中国传统的酒桌文化让绿色工作实现起来存在难度，当然最近几年大家的观念和习惯都在慢慢发生改变。 （2）A08 铁路系统非常复杂，如果铁路出现安全事故，那么调查程序非常多，消耗了大量的人力、物力，长期惯例又很难一下子发生改变。 （3）A08 穿越马路时，要求一站、二看、三确认、四通过，单位也有一套标准肢体动作。工作久了以后自己过马路都会不自觉地这样做，这种意识就根植在脑海里了。 （4）A14 很多想法没有长期落实下去，关键是习惯没有形成，每个人都有惰性，大家觉得这种绿色行为好像不太方便，怎么舒服就怎么做了，长远的这种绿色意识还是不够。
行为意向	（1）A11 采用环保的方式工作，花费了精力、时间，并没有产生效益，我的工作也没有考核这一项，我觉得好像没必要。 （2）A16 有时不是我们自己不想要更环保、更健康的生活，主要是好多条件不具备。 （3）A18 这种绿色意识现在还不是很深刻，很多细节没做到位，无形中造成资源的浪费，还是要从意识上去提升，发自内心地去做一件事才能坚持。 （4）A20 使用一次性用品时，我都会掂量一下，能不用就不用。
自我约束	（1）A01 我在工作时一般会使用网络进行文件传输，尽可能减少纸张的使用。 （2）A05 我下班时就会提醒自己关灯、关电脑，会把总电源关掉，用电子版文件代替纸质版文件，不用留存的文件尽可能使用电子版文件。 （3）A12 有的员工因工作所处的环境有有害气体就离职了。 （4）A14 在我做实验时，我会提前规划方案，反复推演实验步骤，预判可能出现的各种结果及处理手段，实验过程严格按照操作流程进行，每一个步骤都按照规范进行。加入材料时严格按照实验方案进行，避免浪费。实验后的废弃物处理也是非常严谨，我也会这样要求小组其他成员这样做。 （5）A19 看到一些破坏环境的行为我会思考他们为什么那么做呢？例如，看到河流污染，我会关注并打电话举报。对于一般人来说可能不会，可能是因为我的工作和环保有关联，这方面比较敏感。

初始范畴	原始语句
干预他人	（1）A01 我具体的工作是管理热工艺，对于存在污染可能性的工艺会优先评估，先学习国家标准和地方标准。在评估工艺的过程中，如果这项工艺在未来可能会被禁，或者对环保不利，我会在公司会议上建议淘汰这种工艺。 （2）A03 严于律己是件好事，但在工作合作过程中，你很难要求别人也做到和你同样的标准，工作需要合作，需要去影响他人，如何影响？ （3）A09 我又控制不了别人，工作中就有很多行为是浪费资源的，比如单位的同事就不带自己的杯子，总是用一次性杯子。但你又不能说别人，因为一次性杯子是公司提供的，但这种行为我很不赞同。
结果感知	（1）A01 如果信息化程度很高的话，就会大幅度减少纸张的使用。 （2）A15 人员节约意识不足，认为纸张等办公用品是单位提供的，不增加个人支出，怎么方便怎么做，很少考虑个人的节约可以节省多少资源。 （3）A20 仅从节约成本来说对公司就是有利的，公司肯定欢迎。有的员工会觉得是公司抠门，但公司这种开源节流的倡导是符合公司利益的，不从环保角度就是单从公司角度也是有利的，更别说对社会也有好处。 （4）A22 公司每月都有公众开放日，欢迎市民到厂区进行参观。目的就是让公众更了解我们，对我们这种钢铁厂更放心，也树立了好的企业声誉和形象。 （5）A22 我们厂的环保要求比国家标准还严，如果一味地以获利为目标，那么员工不愿意来上班，周边老百姓一片谩骂，印象评价都不好。即使经济效益再好，员工也不愿意牺牲健康换取短暂的利益。
感知行为差距	（1）A01 从我们企业来说，虽然公司倡导节约，可以说有节约的意识，但做得远远不够。 （2）A06 观念参差不齐，大多数人都关注环保，但日常行为不一定就是环保的。 （3）A08 工作中健康行为的坚持挺难实现的，大家观念不同。 （4）A14 有时一些条件不具备，例如，工作设备不配套，就会使行动存在困难，当然这种绿色行动的倡议肯定是正确的。
素质	（1）A02 现在员工的整体素质比较高，很多符合绿色发展或积极向上的措施大家都很支持，例如，打印纸费用公司并不是承担不起，但大家不自觉地形成了双面打印的习惯。 （2）A09 个人的教育、素质、意识非常重要，无论工作还是生活中，一些素质不高的人完全是图自己方便。 （3）A21 我们好多员工都是周边村民，素质参差不齐，有的员工素质很低，甚至连书都没读过。公司就以小班组的形式组织学习公司的安全规章，我们办公室的人员也会对不了解情况来咨询的人进行反复讲解，这也是地方性企业员工的现状。 （4）A07 在坚持绿色行为的过程中，个体意识是非常关键的，大家学历不同，认识也不一样，我认为只要是对的就应该坚持。 （5）A09 我觉得受教育程度越高，素质越高，对环保的认知也会更深刻。

续表

初始范畴	原始语句
年龄	（1）A13 现在年轻人很少选择化工、材料等生产企业，说明年轻人这种自我保护、健康理念提升了。 （2）A16 老年人比较注重节约，年轻人就会差一些。所以应该树立一个绿色理念，尤其是针对年轻人，应爱护我们的地球。
未成年人	（1）A17 因为家里有小孩，就比较重视所用产品的环保和健康性，这样慢慢也会体现在工作中。 （2）A22 我看到过一家三口都将包装纸随手扔在地上，这对小孩就是一个错误的示范。
单位性质/规模	（1）A13 对于我们这种小企业来说，生存是第一位的，绿色意识并不是很强，或者有这种意识但认为当前难以实现，只能条件具备时才行。 （2）A07 有些公司规模大，制度完善，操作可能性大，发展中的小企业中个人的建议很尴尬，会出现矛盾。 （3）A08 对小企业来说，环保意识不到位，很难让员工绿色。 （4）A08 铁路行业存在这种大企业病，规章制度很多、你自己能做得很少。

二、主轴编码

在开放式编码完成的基础上，本书根据初始范畴间的语义关系，从相关性、同义性等挖掘初始范畴间的内在联系，形成了本书所用的主要范畴。根据开放式编码提取的初始范畴：环保意识、环保可行性、身体健康意识、健康可行性、内心平和意识、宣传引导、教育培育、制度要求、奖惩监督、指标明确、组织氛围、绩效考核、管理者支持、资金支持、个体经历、个体规范、群体压力、榜样作用、便利偏好、习惯、结果感知、行为意向、自我约束、干预他人、感知行为差距、素质、年龄、未成年人、单位性质等，根据语义的相似性以及作用相关性，进一步提炼出 12 个主范畴，例如媒体的宣传引导和各类教育的培育，因其作用相似，具有相关性，被命名为绿色风气；企业的制度要求、奖惩监督、组织氛围等都与组织相关的初始范畴被命名为组织促进。在分别对主范畴和初始范畴的对应关系进行归类的基础上，对各范畴进行了含义的界定。含义内容的界定都围绕着本书的研究主题，用来表示这些范畴与研究主题存在的某种关联性（见表 3 - 3）。

表 3－3　主范畴内容

主范畴	初始范畴	范畴的内涵
绿色感知	环保意识	个体工作中对节约资源保护环境的问题的重视和察觉
	环保可行性	对节约资源保护环境的行为实现的可能性评估
	身体健康意识	工作中对身体健康、避免安全事故的重视程度
	健康可行性	对工作中保持身体健康和安全的可能性评估
	内心平和意识	工作中对积极应对工作压力、保持心情愉悦的重视程度
绿色风气	宣传引导	各种媒体对健康安全、资源利用等问题的宣传引导
	教育培育	家庭、学校教育对健康安全、资源利用等问题的培育
组织促进	制度要求	组织制度对健康安全、资源利用等行为的约束
	奖惩监督	组织对健康安全、资源利用等行为的奖惩
	指标明确	组织对健康安全、资源利用等行为的指标明确程度
	组织氛围	整个组织在健康安全、资源利用等行为方面形成的文化
	绩效考核	组织对资源利用、健康安全行为进行考核
	管理者支持	管理者对健康安全、资源利用等问题的重视、行为引导
	资金支持	组织在健康安全、资源利用等方面的资金和设备支持
绿色经历	个体经历	个体所经历的有关健康安全、资源利用等事件的刺激作用
个体规范	个体规范	个体对健康安全、资源利用等的责任感、道德感和自我约束
参照群体	群体压力	同事、朋友对健康安全和资源利用等的看法和实际行为
	榜样作用	他人在健康安全、资源利用等方面的行为示范
习惯便利偏好	便利偏好	个体对工作中自我方便的偏好程度
	习惯	遵循过去行为习惯的程度
结果感知	结果感知	对行为结果的预估
行为意向	行为意向	采取绿色行为的意愿程度
绿色行为响应	自我约束	自我在健康安全、资源利用等方面的实际约束行为
	干预他人	对他人在健康安全、资源利用等方面的主动干预行为
感知行为差距	感知行为差距	绿色感知和绿色行为存在不一致性
属性	素质	素质影响健康安全、资源利用等问题的看法和行为
	年龄	年龄影响健康安全、资源利用等问题的看法和行为
	未成年人	与未成年人生活影响健康安全、资源利用等问题的看法和行为
	单位性质	单位性质影响健康安全、资源利用等问题的看法和行为

三、选择性编码

在选择性编码的过程中，选取核心范畴是此阶段的研究目的。核心范畴的选择应该能够与其他范畴建立某种联系，以此来统筹已经建立的范畴。本书在对范畴反复思考、整合、归纳的基础上，结合本书研究的主题，最终凝练出"员工工作绿色化"这一核心范畴来提挈其他所有资料和范畴。围绕研究主题，根据各范畴的内涵，本书构建了主范畴间的典型关系（见表3-4）。

表3-4　主范畴关系结构

关系结构	关系含义
绿色风气 → 绿色感知	社会对安全健康、资源利用、环境保护等问题的重视程度决定员工的绿色感知程度
组织促进 → 绿色感知	组织制度等因素对安全健康、资源利用、环境保护等问题重视和规定决定员工绿色感知的程度
绿色经历 → 绿色感知	员工个体所经历的有关安全健康、资源利用、环境保护等事件决定自身绿色感知的程度
绿色感知 → 个体规范	绿色感知是个体对绿色问题责任感产生的前提
绿色感知 → 行为意向	感知是行为意向产生的内因，绿色感知程度决定行为意向程度
行为结果感知 ↓ 绿色感知 → 行为意向	行为结果感知是对行为之后结果的评估，对行为意向程度存在调节作用
个体规范 → 行为意向	个体对绿色行为的责任和道德感决定是否愿意采取绿色行为
习惯便利偏好 ↓ 个体规范 → 行为意向	习惯便利偏好是个体行为的内在制约因素，习惯便利偏好对个体规范和行为意向关系存在调节作用
行为意向 → 行为响应	员工绿色行为意向是实际行为的内在因素，意愿程度影响实际行为
参照群体 ↓ 行为意向 → 行为响应	周围人的看法和行为是个体行为外部制约因素，参照群体对行为意向和行为关系存在调节作用
个体规范 → 行为响应	个体对绿色行为的责任和道德感决定实际行为
绿色感知 → 行为响应	绿色感知与行为响应存在不一致性
属性 → 感知和行为	员工属性影响绿色感知和行为

依据对原始资料及各范畴内容的分析，员工工作绿色化的故事脉络可以概括为以下三个方面：其一，为了触发员工的绿色行为，需要发挥员工的自我认知，形成了绿色感知、个体规范、行为意向、行为响应的路径。其二，进一步对范畴

关系分析，绿色风气、组织促进、绿色经历均是个体绿色感知的影响因素，对绿色感知有明显的影响。其三，对核心范畴和其他范畴进行分析，参照群体、习惯便利偏好、行为结果感知影响绿色行为发生的程度。基于上述分析，可以发现除却属性一项，11 个主范畴可以将员工感知视角下工作绿色化机制的关键因素和作用方式整体呈现出来，也描绘了员工工作绿色化的结构模型。

四、饱和度检验

理论饱和度同样是一个主观性概念，并未形成一个客观的指标，大多数依靠研究者自身对研究过程的把握。本书的理论饱和度检验采用大多数学者所使用的方法，即用剩余的 10 份访谈样本记录进行三级编码分析，检验是否有新的符合研究主题的概念表达。结果显示，围绕工作绿色化主题的访谈记录，基本未出现与此前访谈记录不同的概念或内容，没有发现新的可用范畴，基本达到理论饱和。

第三节　模型内涵

一、模型中各变量内涵

员工绿色感知可以作为其行为响应的认知基础，企业中任何知觉、认识只有落实在具体行为中才能对企业起到应有的作用。在基于企业这种组织形态下，国内外对员工绿色感知的研究方面认识并未统一，尚未形成统一成熟的体系。因此，本书采用深度访谈的形式，与企业员工进行深度交流。围绕员工对工作绿色化的认识，提炼出基于感知和行为响应的工作绿色化机制。本书认为，工作绿色化是指在工作过程中，员工以最大限度降低能耗、降低污染、减少资源浪费为特征，同时以最大可能减少健康损耗、降低安全风险为特征，以实现物质资源和人力资源的可持续性为目标的过程。相比于文献综述部分的绿色工作或绿色就业，本书提出的工作绿色化强调员工个体的主动性工作绿色化。此工作绿色化对行业、职位无限制，强调全企业、全职位的绿色化能动性，其中既包括环保含义，又涵盖了安全健康之意，关注工作过程而非工作结果。本书最终选择的相关变量内涵及关系推演如下：

（一）绿色感知

"绿色××"构式在语言的发展过程中不断扩容，从最初的概念认知慢慢过渡到修辞认知，再到两者并峙，至今已形成修辞认知占绝对主导趋势的局面，修辞认知方式的介入使之扩展性更好，更容易生成新的"绿色"话语（冯全功和徐雪飞，2017）。因此，"绿色"一词在不同的语境下其含义有所差异，也形成了以绿色为修饰词的多种术语。绿色与生态、节约资源、环境、女权、和平运动有许多共通的见解，同时也包含公民自由、社会公正和非暴力问题（Li et al.，2009）。从前文的分析来看，目前对员工的"绿色感知"研究并未形成一个明晰的统一的概念，"绿色感知"通常描述的是主体对绿色活动重要性的认识以及变得绿色的意愿（Li et al.，2009）。较多的研究"绿色感知"问题集中在消费领域，针对的是消费者消费过程的研究。而以员工为研究主体则体现在生产环节或生产过程中，员工"绿色感知"的研究对建设绿色经济具有重要意义。同时，杨朝飞（2015）认为，绿色发展思想与生态思想相比，更加关注人类的健康和福祉。因此，用"绿色感知"来表征员工的环保和健康具有适用性。此外，感知作为感觉和知觉的结合，心理学上认为感觉是大脑对客观事物所体现的属性的反映，没有客观事物就不能产生感觉，即可以认为客观事物是感觉产生的前提，先有客观事物的刺激方可产生主体对客体的反映。而感觉则是一切知识和经验的基础；知觉是在感觉的基础上产生的，是以感觉到的信息为基础，经过人脑有意识地加工，对事物加以解释的过程。感知则是主体对外在客观事物信息获取和特征构建的过程。鉴于此，本书通过访谈资料的质性研究来归纳、提炼员工绿色感知的内涵。根据前文中质性研究结果，员工的绿色感知包含物质资源的高效利用和人力资源安全健康两个方面。关于合理利用资源和健康的关系不言而喻，合理利用资源带来的积极影响即良好的环境则提供了健康所需的外部环境。反之，环境的污染或破坏则有损健康状态，例如，刘斌（2018）关于大气污染与公众健康的关系研究中发现雾霾污染会对人体造成不利影响。此外，2003 年欧盟的《欧洲环境与健康战略》的制定，目的是减少由环境因素造成的疾病负担，防止环境因素引起新的健康威胁。2006 年，韩国环境部发布《韩国环境与健康 10 年行动计划（2006—2015 年）》等（廖琴等，2014），以上研究都说明了环境与健康的关系。具体在工作情境内，员工合理、充分利用资源的节约意识与健康意识之间的关系，本书认为当员工在工作中对环保问题如节约资源或避免造成环境破坏等问题比较敏感并持续关注时，员工在条件具备时会有意识地采取节约资源行为或尽可能避免自己的行为造成环境的破坏。而员工之所以关注节约资源和避免环境破坏的问题，更多地体现在个体对浪费资源和破坏环境带来的后果将会威胁人类生存状态的预估，如危及自身的健康等。因此，对环境问题关注越多，员工对自身健康的关注也会越突出。同时，反之亦然，出于对自身健康问题的重视，员工会拒绝一切可能引起健康危害的工作，而环境污染则是危害因素之一。因此，本书将员工对节约资源、保护环境和自身安全健康的关注两个层面用绿色感知来描述具有一定的合理性。

根据前文质性研究结果，本书将员工对工作中的绿色化认识概括为两个方面：一是对工作过程中高效、充分利用物质资源以避免浪费、增加环境压力的重视；二是对工作过程中行为主体即员工自身的安全、健康方面的自我保障意识。员工绿色感知是指员工通过对工作环境和工作过程中的节约资源和保持身心健康问题的了解，形成对保护环境和保持身心健康的重要性认识和必要性评价的心理体验过程，目的是提升员工的绿色化意愿从而达到坚持环境保护和保持身心健康的目标。员工绿色感知可以反映员工对工作中的情感评价，同时又是企业经营管理风格在员工认知中的反映。感知作为一种主体对客观事物的刺激而产生的主观反映，主体和客体同时产生作用力最终形成感知，是感官对客观事物刺激的接收、分析而在人脑中的直接反映，是人体通过感官对物体获得的有意义的印象。而员工在工作过程中的绿色感知最终将落实在员工的具体绿色行为中，这样方可对客观现实起作用。本书重点关注对员工自发性的工作绿色化倾向进行研究，基于个体对客观事物认识是产生行为意愿关键因素的现实，旨在解释如何形成绿色行为的长效机制，因而工作的绿色化最终聚焦在工作过程中的行为选择的绿色化。

（二）绿色风气：宣传引导和教育培育

对于个人而言，风气是一种较为虚幻、不容易把握的因素，但是并不意味着不存在，它能潜移默化地影响人们的心态和行为（徐宗阳，2019）。风气是表明某些现象在生活中很普遍，且有较强的影响力。通常所说的社会风气在社会公共生活中拥有广泛影响力，社会是风气的修饰词（俞吾金，2012）。社会风气反映整个社会的主流价值观，是一个社会在发展的某个阶段所形成的一种判断事物对错、是非、好坏的观念。在本书中，绿色风气主要反映的是员工在日常生活和工作的环境中所见、所听、所思的对节约资源、避免浪费等保护环境的行为和保持人们身心健康行为的普遍性看法。绿色风气包括学校教育、家庭教育、宣传引导对上述方面的重视程度。

宣传引导主要反映各种媒体对主流价值观和行为选择导向的宣传和强化，用以判断事物的对错和是非，通常能起到一定的规范和约束作用。在访谈中发现，员工认为当通过各种媒体反复进行某项倡议的宣传时，这种思想就会慢慢渗透到员工的认识中。即使这种认识是浅显的或者是不精确的，但这种宣传是培养员工某种意识的前提，社会民众能够形成一个拥有较大影响力的参照体。因此，本书认为各种媒体的宣传反映的是整个社会的主流思想和主张倡议，是自上而下所倡导的应有观念和行为方式，是社会风气的一种表现形式。

教育尤其是学校教育通过系统性的知识架构培养人的道德素养和基本价值观，不同于其他社会因素，教育的作用尤其是基础教育在人的价值观以及世界观的塑造方面影响深远。基础教育阶段所对应的是个体的成长期，是价值观形成阶段，是通过教育辨别是非选择的过程。此阶段所形成的认识对人的整个职业生涯的影响都是深远的。如某位受访者表示其自身的环保意识就来源于小学教育，在小学教育之前他甚至并没有垃圾不能随便乱丢的意识。类似情况也折射出家庭教育问题，家庭所有成员的观点、认识在某种程度上具有一致性。这种一致性将规范个体的认识和行为，可以通过生活—工作的溢出效应体现在工作中。无论是学校教育还是家庭教育都具有一定的一致性，即在一定程度上体现了整个社会的认可度，尤其是学校教育更是整个社会积极、正面、高尚思想的传播渠道之一。

（三）组织促进

组织相关规定对员工工作过程的指导、约束和支持作用不言而喻。组织的各项规章制度、奖惩机制、绩效考核都反映了组织在经营过程中的基本导向。个体在组织工作时，在接受组织的各项制度约束过程中，实际上是个体接受组织的过程，也是组织价值观形成的过程。组织追求什么、重视什么、提倡什么、反对什么，随着时间的推移，个体会不断地调整自己的认知以适应组织的此种氛围。尤其是组织具备明确的考核指标并伴随相对应的奖惩措施时，员工的认知和行为会发生即时改变的可能性很大。对员工个体而言，此过程是员工与组织互动的过程，需要员工的心理活动参与。正如前文文献得出的结论，人力资源管理并不能直接产生员工预期的工作结果，需要经过一系列的心理过程。因此，组织管理策略作为客观存在，本书结合深度访谈所得结果，通过制度要求、奖惩监督、指标明确、绩效考核、管理者支持等方面来衡量组织层面的因素。

（四）绿色经历

经历通常反映个体在工作或生活中某一个时间段内自身所经历的某类事件或旁观的某事件，该事件如果能够使个体内心受到刺激，那么此种经历将会影响个体后续的认识。从心理学上来讲，客观事物直接作用于感官，通常只是事物的部分属性在起作用，借助于经验的参与，可以使主体回忆起过去作用过的其他属性。客观的属性配合主体大脑中记忆的其他属性，容易构成对该事物的相对整体性印象，从而有助于正确而相对全面地理解事物。结合本书访谈的资料可以得到，员工对于绿色问题的关注，有一部分是源自自己经历过某事所受到的刺激或触动。因此，本书认为员工的个体绿色经历理应成为员工工作绿色化的因素之一，源于员工个体多种身份属性的存在以及个体的整体性，即员工难以将工作中的个体和生活中的个体完全割裂。

（五）个体规范

根据 Schwartz 在利他行为背景下提出规范激活理论，该理论认为个体规范（Personal Norms）作为道德义务被激活，个体规范经常被用来预测个体行为（Onwezen et al.，2013）。当个体规范程度更强时，个体更容易实施符合个人规范要求的行为（郭清卉等，2020）。而与个体规范相近的一个概念则为主观规范，通常是指个人是否采取某行为受到个体所看重的个人或团体行为压力的影响程度，也就是说，员工对周围人对自己的影响和期望的认知会影响员工是否采取某行为的心理认知。本书认为，员工的个人规范即员工对自身工作绿色化的责任感和道德规范程度或自我约束程度，即员工所感受到来自自己内心的对绿色工作的压力是工作中自觉绿色化过程的重要因素。受访者的观点："A26 我们在制作门窗时，每个门窗的大小和设计都有差异，一般可能会认为使用的型材多了也是客户付款，公司不承担，但是很多边角料是完全可以用的，我就会挑选满足尺寸要求的使用，尽可能不再裁剪新的型材"。因此，本书认为在工作过程中进行绿色化研究，尤其是员工的主动性行为中，个体规范的作用是关键因素。

（六）行为意向

行为意向通常是个体实施某目标行为的意愿程度。在员工工作绿色化的研究中，本书发现，员工个体在具备绿色认知或意识的前提下，大多数人员都愿意在条件具备的情形下选择绿色行为。因此，本书用员工在多大程度上愿意落实绿色感知的内容来衡量行为意向。例如："A25 如果我们也实行像上海一样的严格的垃圾分类管理，我觉得我会遵守，因为我认为很有必要，对垃圾处理非常有好处"；"A10 有绿色意识的人在工作或生活中就会在行动上做得更好"；"A18 从意识上去提升，发自内心地去做一件事才能坚持"；"A22 即使经济效益再好，员工也不愿意牺牲健康换取短暂的利润"；"A15 节约意识比较弱，那就肯定不会有什么节约的行为，都没有认识哪来行动呢？"因此，行为意向可以作为工作过程中绿色化的环节之一。

（七）行为响应

行为响应通常是指由于某一倡导的提出而与之对应的行为，理想状态下通常是与态度、认知、倡导相一致的行为。本书中，员工在工作过程中的绿色化主要反映在节约资源避免污染和保持身心健康安全方面所表现的自觉自发行为过程。因此，环保行为、健康行为则是与员工绿色感知相对应的实际行为。比如在研究环保行为时，个体可以通过行为影响其所属组织的行为，如维修工人的行为既可以降低也可以增加工厂的污染物排放；工程师可以以环保的方式设计制造产品；银行家和开发商在做决策时既可以遵守也可以忽略环境标准，这些行为都会对环境产生巨大的影响，因为组织行为是许多环境问题的最直接来源（Stern，2000）。因此，对组织内部成员的行为进行研究非常必要，本书通过对环保、健康方面的行为评价来衡量员工对绿色感知的行为响应程度。例如："A01 我在工作时一般会使用网络进行文件传输，尽可能减少纸张的使用"；"A12 有的人因为工作环境存在有害气体就离职了"；"A30 提前开策划会，对可能用到的人员、资源和资金进行规划，在达到效果的情况下，尽可能用最少的资源"。

（八）习惯便利偏好

行为习惯是个体在长时间、持续性的生活或工作过程中形成的惯性行为。行为习惯的改变存在较大的难度，要改变个体习惯就要改变个体过去所坚持的思维和行为。同时便利性偏好也是人类行为取向的重要特点。习惯便利偏好是人的本性，但这种本性在实施新的行为方式中往往会起到阻碍作用。例如："A10 个人的一些习惯非常难改，有些人就是浮于表面，有一时、没一时的，不要求就不做了"；"A25 我们的游客什么样的都有，你就再说几百遍，他们的习惯很难改变"；"A24 有时安装地点比较近，我们三人直接拿着材料步行就行，但另一人就会开车，不愿意自己拿东西，速度快，方便"。因此，个体的习惯便利偏好在一定程度上对行为的选择和实施产生影响。

（九）参照群体

参照群体的影响通常是指与个体有某种关联的群体影响个体行为的程度。个体存在于各种各样的组织或非正式组织（群体）中，作为群体成员中的个体，员工个体行为不仅仅是单一的自发自愿，个体行为会受到群体中权威人士或多数人行为的影响而产生从众行为。因此，本书通过榜样作用和群体压力两个方面来衡量员工工作绿色化中的参照群体效应。例如，受访者表示："A18 实现挺有难度的，比较容易受到周围人的影响"；"A14 周围人的影响是一种自愿的被影响，认同了影响就大，不认同影响就小，如果你周边的人都秉持一种绿色的观点和行为，那你就很可能跟随"。

（十）行为结果感知

行为结果感知反映个体对行为带来的可能结果的预期或评估。本书中，员工个体从自我认识的角度认为工作过程中的绿色化可以节约资源，保持身心愉悦。例如，受访者表示："A01 公司纸张使用费用每年高达十几万元，虽然钱不多，但带来的影响很大，例如，废纸处理流程"；"A13 在能力范围内达到舒适，达到内心的平和"；"A22 环保产出的效益也比较可观，设计的产品市场接纳程度高，也解决了就业问题"。从受访者所提供的信息来看，员工对绿色行为的预期结果具备明确的判断，基本不存在模糊不清或无法确认的情形，说明绿色工作的认可度较高。

（十一）感知行为差距

感知行为差距反映的是个体在工作绿色化实现的过程中感知与行为的不一致现象。或者由于意识不够强，个人认为条件不具备，又或者认为与自身关系不大等原因，导致绿色化认识并不能有效地落实在具体的工作行动中。而这种差距的原因也是导致工作中绿色行为受阻的重要因素，最终使工作绿色化过程可能仅停留在认知层面。但工作绿色化的理想状态应该是认知、行为均绿色化的过程。

二、变量间典型关系

根据前期的访谈结论，由于访谈对象本身的行业、职位、年龄等个体属性方面存在差异，同时访谈的内容也显示不同的素质、学历等均影响员工的绿色感知和行为。因此，在对员工工作绿色化的研究中，人口统计学特征需作为影响因素加入模型中。具体而言，结合扎根理论分析结果，从员工绿色感知与行为响应视角研究工作绿色化的模型包含的典型关系如下：

第一，人口统计学特征变量影响员工绿色感知和行为，员工绿色感知和行为在不同的人口统计学上存在差异。

第二，绿色风气、组织促进以及绿色经历的刺激对员工绿色感知产生影响。绿色风气作为外部环境因素直接对员工绿色感知产生影响；组织促进是员工绿色感知最为直接的影响因素；绿色经历影响员工绿色感知的敏感性。

第三，绿色感知通过个体规范因素和行为意向作用于绿色行为。习惯便利偏好、参照群体和行为结果感知在不同变量关系间具有调节作用。

第四，在研究中发现，个体绿色感知与行为往往存在不一致性。

第四节　本章小结

本章主要是依据扎根理论方法对访谈所得的资料进行逐级编码，并通过概念的理论推理获得员工工作绿色化机制，包含绿色感知的影响因素以及绿色感知到行为响应过程的影响因素所构成的完整机制。虽然通过资料的分析，从员工感知视角所发现的员工工作绿色化因素间的典型关系已初步确立，但研究结论的建立仍需要进一步通过量化的数据进行检验，目的是使研究结论更为严谨。因此，本书接下来将在此研究结论的基础上通过量化研究，对所建立的模型进行检验或修正。

第四章　研究模型与量表开发

在质性研究和量化分析的关系中普遍存在三种观点：第一是纯正派，即彼此独立，认为两者不能混杂在一起；第二是情境派，认为可根据具体研究问题、研究情境决定是否结合；第三是实用派，认为可以结合，但注重研究的具体功用，焦点是方法的具体操作（凯西·卡麦兹，2009）。扎根理论作为一种定性的实证研究方法，虽然在大量访谈资料的基础上形成了丰富的研究材料，并且提炼出相关概念、范畴并形成了初步的研究结果。但扎根理论的研究结果受研究者本身影响的情况依然存在，在刻画范畴间关系上仍然存在主观性较大的疑惑。为使研究结论更客观并结合近些年来的研究趋势，本书选择将两者进行结合，通过建立和测量模型，把质性研究和量化研究结合在一起。因此，从本章开始将对提出的研究结果或假设进行量化实证检验。通过发放调查问卷，将对质性研究所形成的理论模型进行量化检验，进一步验证质性研究中的结论。此外，统计调查研究方法作为一种量化的实证研究方法，大量地运用于社会科学领域，数据的处理相对客观准确。统计调查方法在科学研究的过程中，方法逻辑严谨，数据收集整理相对简单，数据质量有保障，变量之间的关系也比较易于分析。因此从本章开始，本书将在通过扎根理论分析得出关键变量的基础上，参阅相关研究文献，通过设计调查问卷，对不同行业、不同层级的企业员工进行抽样调查，以此来获得量化分析的相应数据并进行实证检验。

第一节　研究假设

员工工作绿色化的过程较为复杂，受到多种因素的影响。根据扎根理论所得结果并结合相关行为研究理论以及相关文献等研究成果，本书提出了后续假设。

一、绿色风气、组织促进和绿色经历与绿色感知的关系

社会认知理论作为解释个体行为的重要理论基础，在解释个体行为时认为，

外部因素、个体认知和个体行为间存在内在的联系，认为个体通过对外部环境的解读来调整自我认知（彭坚等，2019）。基于此认知，本书认为员工具体的工作场所以及组织所处的社会环境都会影响员工的认知，员工对外部存在的客观因素的不同倾向的解读最终影响形成的认知。

（一）绿色风气与绿色感知的关系假设

组织中员工的绿色感知反映的是对节约资源保护环境和保持身心健康两个方面的认识。个体感知是作为个体对外界情景的认识和反映所存在。国家政策主旋律、法律法规的具体条例以及社会整体的风气等因素作为客观存在，在长期潜移默化的过程中影响员工个体认知和观点。此外，绿色发展理念不仅是经济领域发展观的转变，更体现社会价值观的生态化取向以及公众绿色意识的觉醒（余永跃和雒丽，2017）。因此，中国当前的绿色发展的政策导向形成了组织人员绿色取向培养的环境。在大多数关于外部环境或情景因素对个体行为的研究中，都将情境因素作为调节变量来处理。比如有研究控制了情境因素，且也证实了情境因素对意愿和行为关系的调节作用（Guagnano et al.，1995）。但类似研究都是基于个体行为意向和行为的关系研究中，并未挖掘认知产生的过程，正如本书中的绿色感知问题尚未做深入研究。本书依据访谈资料以及相关文献认为，由国家政策法律规范等产生的重视资源使用、关注环境保护和健康问题所形成的绿色风气对绿色感知会产生影响。例如，Lee（2011）认为，大众媒介对环境污染问题等的报道和宣传以及对个体保护环境的呼吁，增强了公众的环保意识。媒体受众对媒体宣传的共鸣和呼应，使大众媒体的宣传起到教育作用。一些研究也表明引起环境关注的强大资源之一就是媒体（Rios et al.，2006）。媒体不仅有助于提高人们对环境的认识，而且还使消费者能够根据其新发现或对自然环境的关注程度采取行动（Mida，2009）。周全和汤书坤（2017）研究认为，在促进亲环境方面，媒介起到科学传播的功能并且经由媒介接触带来了环境风险感知水平的上升，从而驱动个体采取应对环境问题的措施。同时，在秦美婷和李金龙（2014）关于雾霾事件中公众健康与环境科普需求的关系研究中，通过调查研究认为媒体将精力集中在"天气状况动态信息报道成因分析"上，忽视了公众对健康知识的系统性需求，同时居民需求中排在前三位的为生命健康、生态环境和交通出行。该研究强调了在科普活动中大众媒介对提升公众环境问题的重视和健康问题关注的重要作用。现在日益发达的网络传播途径让公众获取健康、环保知识的途径更为丰富，有利于提高员工在环保、健康方面的认知。因此，媒体作为重要的社会因素，对绿色感知将会产生显著影响。Gyekye和Salminen（2009）认识到安全教育影响员工的安全感知，受过安全教育的员工，经过各种培训，具备了较高的安全知识和技能。因此，他们在工作中很少让自己置于风险之中，从而使工作满意度也较高。此外，雷茵茹等（2019）研究认为，环境教育对青少年的亲环境行为意向有显著影响，同时认为青少年的亲环境行为本身受到其他因素的影响，如制度因素、基础设施以及家庭等。因此，可以认为除了学校教育，家庭教育对形成亲环境行为过程中的认知具有重要影响。吴灵琼（2019）基于价值、信念、规范模型，研究了教育在儿童群体亲环境行为中的作用，结论证实了中国传统美德教育对儿童亲环境行为的作用，将生态教育、自然体验与环境美德教育有机融合来培养儿童的道德规范意识，进而促进亲环境行为。Kwon 和 Kim（2013）研究认为，职业安全与健康政策应更多地注重教育和宣传活动，而不是加强相关的法律法规。同时，一般而言，传播教育对意识和态度的影响更显著，对实际行为的影响相对较弱。

因此，就整个社会的总体氛围而言，社会风气通常是特定社会中的历经一段时间所形成的风俗、行为模式、传统等要素的组合。社会风气一经形成便会对社会发展以及个体行为产生巨大力量。个体在社会中受到社会风气的影响可能会调整已有的认知或加强已有的认知，在条件成熟时往往会产生追随行为，同时无法回避社会的主流思想的影响。正如 Oreg 和 Katz – Gerro（2006）对跨地区亲环境行为的研究结果，国家层面的文化因素（和谐观和后物质主义观）对环境意识有重要影响。因此，本书认为由媒体引导、家庭教育和学校教育组成的绿色风气作为组织外部的情境因素反映了个体所处社会的文化理念，对形成员工的绿色感知有显著影响，基于此本书提出的假设如下：

假设1：绿色风气对绿色感知有正向影响。

（二）组织促进与绿色感知的关系假设

亚太地区作为经济快速发展的新兴工业区，既有工业化发展带来的物理和化学等传统风险，例如，有害物质或有害气体的接触等，也有来自新技术带来的新威胁，如心理压力。但是日益加剧的全球竞争，迫使企业进行重组和削减成本，其中就包括降低健康和安全标准。同时伴随慢性病以及老龄化的现实，因此必须采取全面、及时和适当的措施来解决工作场所的安全和健康等绿色化问题。就员工而言，在工作场所的绿色化问题中，个体通常无法屏蔽组织战略、制度和文化等方面的影响。

本书的研究聚焦在员工感知视角，作为研究主体的员工，其认知和行为特征在组织环境中的体现更为突出。在企业的经营管理过程中，为了达到企业中各部门的相互配合和有效运作，各级部门都会制定一系列制度规定来规范员工的行为，例如，最常见的员工工作中的行为规范。即使组织实施弹性工作制或者远程办公，员工也并非可以完全"放任"，员工或多或少地都会接受组织规范的制约或受其影响。组织制度作为规范组织成员行为以期达到特定目标的一系列行为准则和规范的集合（芦慧等，2016），组织制度是工作中影响员工日常行为、同事关系以及雇主和员工关系的特定组成部分。管理层对组织制度能否成功的预期可能取决于这些制度对员工产生的积极或消极心理动力（Foote et al.，2005）。组织的制度体现了组织的价值观、指导管理者的决策、影响员工的行为以及薪酬水平和安全感。例如，如果企业制度重视生产率，那么这种重视就会体现在员工的日常行为中，并且时刻提醒员工组织重视生产率，员工也会将重点聚焦在如何提高生产率方面。因此，组织制度作为规范组织运行和员工行为的硬性约束，必将影响员工行为，但是对制度的认同感则是来自员工对组织制度的解读。芦慧等（2016）认为，组织制度在影响员工行为上存在强制性和支持性两方面特点。对于支持性制度员工会产生内源性制度遵从，自愿表现与群体一致的行为，而强制性制度表现为非自愿性制度遵从。而内源性和外源性遵从行为均源自于员工对制度的心理评价。组织制度作为反映组织期望的一种形式，本书认为企业制度规定是以明确的规范告知员工，企业重视什么，应该怎么做。规定性的客观存在首先会影响个体的主观认知，进而才可能从长期达到规范员工日常行为的目的。此外，卢红旭（2017）研究认为，如果缺乏完备的安全政策约束，当安全目标与绩效目标发生冲突时，员工会以牺牲安全绩效为代价获得较高的生产绩效，此研究成果进一步说明了制度政策的导向作用。

一般认为，组织制度包含组织的薪酬制度、员工晋升制度等。绩效考核或评估经常被认为是企业中影响员工行为的重要管理工具，通常作为确定薪酬水平的基础或依据。根据绩效考核目标的差异，绩效考核目标分为两种：一是评价员工过去一个工作周期的表现并以此为基础进行奖惩的评价型绩效考核目标；二是旨在通过绩效评价发现工作人员本身存在的问题从而促进员工在未来更好发展的发展型绩效考核目标（Meyer et al.，1965）。崔小雨（2018）认为，评价型绩效考核对员工错误容忍度比较低，发展型绩效考核旨在促进员工未来发展，因而对员工错误有较强的容忍性，也因此得出员工的行为因绩效考核目标的差异而有所不同。同时也有学者认为绩效考核目标分为管理、信息和激励三个维度，绩效考核过程既可以作为调节员工薪酬、职位晋升的依据，又向员工传达自己在工作中的优点和不足，同时还可以激发员工的工作积极性（崔小雨，2018）。因此关于绩效考核，无论是评价型绩效考核还是发展型绩效考核，员工事先都会对自我的表现有所预期，而这样的预期来自于根据考核指标和标准的自我评估。可以认为如果员工目标是得到较好的考核结果进而获得较高的薪酬或得到职位晋升，那么员工会以考核指标为指引来形成自己对工作过程、工作目标的主观判断，进而规范自己的工作表现。因此，本书认为绩效考核无论是作为管理手段、信息手段还是激励手段，绩效考核都会使员工专注在考核的指标上，而企业通过绩效考核清晰地表达了企业所关注的重点。

根据制度理论，政府政策可以通过命令和诱导两种政策强制或激励企业采取绿色举措，但是除非外部因素首先影响了企业管理人员的行为，否则外部因素不会对企业行为产生影响（Liang et al.，2007）。因此，从企业外部的政策法规来说，政府的压力要想成功地影响企业战略，就需要引起高层管理人员的注意（Banerjee et al.，2003）。组织绿色举措的采用和实施不仅由商业需求驱动（Hemingway & Maclagan，2004），而且还可能与管理者的环境信念和态度有关（Esfahani et al.，2015）。外部压力对企业的影响主要取决于高层管理人员对压力的认知，高层管理人员的战略思想或管理方式体现了其对外部政策法规的反应。此外，从人类诞生之日起，模仿就在人类的生产生活中起着非常重要的作用，通过模仿来学习他人的行为是个体社会认知发展过程中重要的一个环节（王协顺和苏彦捷，2019）。组织员工在工作过程中出于自我提升或自我表现的目的，会模仿组织中他人的行为。Singh 等（2021）在对绿色精细生产的阻碍因素进行分析时，认为领导的绿色承诺是阻碍绿色精细生产的重要因素，而且领导的承诺和其他大多数的阻碍因素均有关系。同时，企业的高层管理团队作为组织与外部压力和内部资源的主要连接点，是组织采取绿色举措以提升绿色管理水平的主要驱动力（Tachizawa et al.，2015），表明在组织实践的转变中领导者态度或行为的关键作用。比如组织中亲环境领导作为积极领导风格的一种，亲环境领导重视环境保护，环境危机感强烈，不仅自身环保诉求较高，同时呼吁他人作出环保行为，亲环境领导对员工亲环境行为产生促进作用，其中领导成员交换关系起中介作用（梅鹏，2016）。同时，刘竟婷（2016）认为，环保道德领导表现出对环保道德行为和价值观的重视，会影响员工的环保意向。而在追求环境可持续的过程中，由于其过程的复杂性需要组织中每个人都负有责任（Molla et al.，2014）。而在绿色管理的研究中，唐贵瑶等（2019）研究认为，高管的人力资源管理承诺对企业环保绩效的影响需要通过绿色人力资源管理这一中介变量，据此可以推测高管的承诺离员工"距离"越近，对员工的影响可能越突出。此外，根据态度理论，如果组织提倡，那么员工将对该行为秉持积极态度并支持组织倡议。本书认为，组织领导行为的表现是组织倡议的具体化，而领导的权威性特质则使其成为员工追随的对象。Olson（2008）认为，以身作则是塑造绿色战略文化的有效措施之一，并且认为设立首席绿色官，与首席执行官、首席财务官等并列。因此，领导对具体问题的行为和观念将显著影响其下属对该问题的认知。比如领导自我健康关心对员工健康关心有正向影响作用（刘贝妮，2016）。卢红旭（2017）在研究安全管理时，认为员工的问题识别和安全建言行为是提高安全绩效的重要议题，促进员工发现安全问题并积极建言对规避安全事故具有重要意义，而领导的积极干预使员工具有较高的安全意识。Linnan 等（2007）在对新英格兰采用健康计划的制造业进行调查时发现，几乎所有被调查的管理者都认为他们有责任保护员工免受工作事故的伤害，同时管理者认为仅提供有关健康的信息时收效甚微，关键是提供社会支持以及健康促进的相关政策。

组织氛围通常是被认为是组织文化的重要组成部分，是组织运行、员工行为模式以及员工互动中默认的一种风格，主要是源自员工的内在认知。根据百度百科定义，组织氛围可以描述为同一组织中各成员共享的认知。组织氛围作为一种认知，那么这种认知由于受到主体作用的影响必然会有差异。但是组织的主体文化是可以通过企业日常事务、行为规范来感受的。如果组织氛围较强，制度所起的作用就相对有限，但当制度不完善或执行不彻底时，组织氛围在协调组织运行中起关键作用。关于组织氛围，也有研究称为组织气候，有组织政治氛围、组织创新氛围、组织安全氛围、组织知识共享氛围、包容性氛围、学习氛围之分。诸如此类的具体组织氛围的存在主要源自不同研究主题所关注的氛围差异。本书之所以将组织氛围单独罗列进行分析，主要是因为组织氛围与组织制度相比具有较强的主观性，如此使同样的组织制度在执行中形成的氛围感存在差异。关于环保氛围，一些研究也称为亲环境组织氛围（李梦园，2018），可理解为员工对其所在组织中环境可持续性政策的整体看法。当组织亲环境氛围越高时，即表明组织在环境保护方面的重视程度越高，此时员工感受到的组织对环境保护的倾向和支持力度越强，进而员工亲环境价值观和认识得以形成，并可能会在行为上对组织的亲环境行为表示支持。安全氛围是员工对安全政策、安全程序以及相关实践的看法（Zohar，1980），安全氛围作为一个理论术语，更侧重于对行为的感知而不是行为本身（Vinodkumar & Bhasi，2009）。Zohar（1980）研究认为，当员工认为组织的安全氛围比较稳定时，安全教育项目的效率就会提高且工作事故率会下降。而规则和程序以及员工对安全问题的看法都是影响安全氛围形成的主要因素

（Guldenmund，2000）。因此，对安全和环保氛围的评价会影响员工的绿色感知水平。

企业制度（行为规范、奖惩监督、绩效考核、指标明确等）、管理者行为等会形成一定的组织氛围，而组织氛围作为组织软实力影响员工对企业的认识，而组织在设备设施方面的配备或资金投入则反映企业在落实某问题的硬实力。在面对环境压力时，组织需要分配资源和能力来应对企业运营对环境的影响以便将潜在的威胁转化为竞争优势（Hart & Dowell，2011），因此资源和能力是影响企业绿色承诺的重要组织因素（Delmas & Toffel，2008）。例如，在关于创新的研发投入上，员工创新是工艺创新的基础，而研发经费能够保证企业创新过程的设备购置和设备改造，同时有助于强化相关人员的绿色创新意识（李广培等，2018）。在环保投入上，循环经济理论认为有必要从源头上减少资源的投入和污染物的排放，强调为清洁生产而不是污染后的处理提前投入环保资金。因此，环保投入是企业进行清洁生产和防止污染的表现。但在环保投入方面，研究表明环保投入的动机多来自外部环境规制（Testa et al.，2016；唐国平和李龙会，2013）。诚然也有研究认为行业监管没有发挥增加环保投入的作用（张悦，2017）。无论是基于外部环境规制的作用还是企业的主动性行为，环保投入都反映企业对环保问题的重视。曹秀兰等（2018）研究发现，充足的个人劳保用品投入以及社会保险投入都对建筑工人遵守安全行为有正向影响。Brown 和 Holmes（1986）研究认为，员工的安全行为主要受到三个因素的影响：对管理者所持的安全态度的认知、安全对晋升的促进作用以及对工作危险性的感知。总体而言，组织各种客观举措的效果因员工对举措的认知程度不同而有所差异。

因此，本书认为包含组织制度规范、绩效考核、奖惩监督、组织氛围等因素在内的组织促进会形成组织环境，在工作过程中塑造个体的心理氛围，而绿色感知则是个体的一种心理认知。基于以上研究成果，本书提出如下假设：

假设 2：组织促进对绿色感知有正向影响。

（三）绿色经历与绿色感知的关系假设

个体对某一问题的认识和敏感度与个人的经历存在相关性，当相同或类似的情形再次发生时，过去经历留在个体心里的印象会被再次激发。个体生活在复杂的情景中，人们会根据情景构成规则，对情景以及刺激物做出主观预期或判断，进而导致情景信息的识别（康廷虎和范小燕，2013）。在面对一些情景时，人们会根据过去的经验去判断并形成新的认识，过去的经历或事件刺激是个体认知的重要来源。根据记忆的相关研究可知，作为记忆的一部分，回忆在一定的刺激下会使主体再次记起过去的经历。同时在个体学习的研究中，认为过去成功的经历能帮助学习主体在后续活动中掌握关键知识，而过去失败的经历经过自我反思、弥补疏漏，实现自我超越（陈国权和周琦玮，2019）。在环保行为的研究中，陈宗仕等（2018）认为，志愿者组织经历从技能、价值观以及联系纽带方面提高了环保意愿。此外，在一项关于旅游安全感知的研究中，Kozak 等（2007）认为，随着旅游经验的增加，游客的风险感知程度会下降。可以认为，经验增加导致的风险感知水平下降是源自于游客对风险的习惯和麻木。而本书的绿色经历，意在衡量员工对过去发生的正面或负面事件的记忆程度。此外，王建明（2012）研究认为，当意识更多地来自个体亲身体验或者是实践经历时，意识对行为的预测力度会增加。因此，本书认为这种实践记忆越深刻，表明对此问题越关注而不是漠视，对相关问题就会越敏感。正如行为科学的研究中认为当刺激物对某人有特别的兴趣或重要性时，个体就能感知到该事件的显著性。在员工形成绿色感知的过程中，个体过去的经历或事件在记忆中越清晰，那么个体对相似事件的问题就越敏感。相反，如果个体对某些经历记忆模糊或无记忆，表明当时事件的发生未触及个体的内心，可能对类似问题漠不关心或不重视。基于此，本书提出如下假设：

假设 3：绿色经历对绿色感知有正向影响。

二、绿色感知与行为意向、个体规范的关系

感知通常是个体感觉、关注和知觉内部和外部信息的一系列过程。一旦个体察觉到外界的信息时，他们会对外界的信息进行加工和判断，而判断的结果将会影响个体的下一个行为选择。具体到绿色感知，当员工感觉到组织中存在可能破坏环境、危害健康的情形时，基于社会交换理论，员工对此类引起关注的因素会有所反应。例如，对员工的行为产生影响，不仅对员工个体产生影响，同时也会影响员工对待他人的方式。社会科学认为感知是通过认知过程来触发情感上的反应，而行为意向作为心理学概念，是实际行为发生之前的心理准备状态，是一种行为倾向（赵文军和谢守美，2019），情感反应决定了个体的行为倾向。在一项关于环保包装产品消费的研究中显示，环境关注对购买意愿有显著影响，而理性利益评价对购买意愿无显著影响（Koenig - Lewis et al.，2014），某种程度上表明在环保消费行为中，个体理性评价的作用减弱，情感因素的作用增强。此外，国内外学者针对感知和行为意向的研究中，基于计划行为理论，从不同的感知角度，如感知价值、感知风险、感知利益、感知公平性、感知形象等方面证实了感知与行为意向的正向关系。计划行为理论认为行为态度、主观规范、知觉行为控制作用于行为意向，而行为的最佳预测因素是行为意向，同时也认为知觉行为控制能够直接作用于实际行为。该理论认为态度是由个体对行为结果或行为属性的信念所决定的，通过对行为结果和行为属性的衡量形成个体对某具体行动的态度，表达个体对某项活动或行为好坏程度的评价。因此，如果一个人对某行为的积极结果持有非常坚定的信念，那么他就会对行为持积极态度；相反，如果一个人坚信行为产生的是消极的结果，他就会产生消极的态度。在个体的行为决策机制上，计划行为理论由于遵循了个体行为科学的基本要义，可以用来阐述个体绿色创新行为的路径（李广培和吴金华，2017）。在进行个体绿色行为分析时，卢志坚等（2019）运用计划行为理论对大学生的绿色行为进行分析，该研究结论认为行为态度和知觉行为控制显著影响大学生的绿色行为。此外，计划行为理论在消费领域的运用也比较广泛，例如，绿色出行、绿色食品购买等。计划行为理论经常被用于环境行为领域，该理论具有界定清晰、应用简易且范围较为广泛的优点，本书认为对绿色工作的感知涵盖了对此问题的态度成分。基于此，本书认为绿色感知与行为意向存在显著关联性，因此本书提出如下假设：

假设4：绿色感知对行为意向有正向影响。

规范激活理论（Norm Activation Model）经常被用来解释和预测个人的亲社会行为或利他行为，现在也越来越多地运用于环保行为中（Lindenberg & Steg，2007）。个体规范是该理论模型的核心。在规范激活理论中，个体规范被用来预测个人行为，是建立在个体价值观基础上的道德担当，是基于"做正确的事"的责任感而坚持的个人准则（Schwartz，1977；石志恒和张衡，2020）。在该理论中，对特定行为的结果感知以及实行某行为的责任感是个体规范的两个影响因素，国内学者称之为结果感知和责任归属（张晓杰等，2016）。对于规范激活理论，有的研究认为是中介模型，有研究认为是调节模型。中介模型认为结果感知通过责任归属影响个体规范；调节模型认为结果感知和责任归属在个体规范和行为之间的关系中起调节作用（Onwezen et al.，2013）。De Groot 和 Steg（2009）通过多案例研究对两种模型进行比较，为规范激活理论的中介模型提供了强有力的证据，该研究发现首先认识到结果才能产生责任感，进而激活个体规范。On-wezen 等（2013）以规范激活理论研究公民的亲环境行为，该研究将计划行为理论和规范激活理论相结合，验证了自豪感和愧疚感在主观规范和亲社会行为关系中的中介作用。而 Han（2014）关于个体参加环境责任大会的决定研究中的结论与 Onwezen 等（2013）有所差异，Han 的研究认为，自豪感和愧疚感在责任归属和个体规范关系中起中介作用。虽然自豪感和愧疚感产生前因有所差异,但是可以证实的是规范激活理论的中介模型得到再次验证。

根据个体规范提出者 Schwartz 的观点,责任感和道德感会引起个体规范的增强;根据规范激活理论,在利他行为关系研究中,认为当个体相信做或不做某行为会带来严重后果,而这种后果又归因于自身时,个体规范才会被激活。同时,当个体规范被激活后,就会内化为个体的自我概念。而在计划行为理论中,作为重要他人对个人影响的主观规范会激发个体的行为意向。主观规范或社会规范被认为是重要他人对其行为表现的可能反应的信念的函数,由遵从或不遵从他人期望的程度所决定,反映个体对他人期望程度的感知。个体规范反映个体内在的道德规范,是与自我期望有关的道德义务感(Stern et al.,1999)。关于两者应用上的区别,Parker 等(1995)研究认为,对于具有明确对错之分的行为,例如,交通违规行为,用道德规范对交通违规行为的意向进行测量更适用。组织中的环保节约、健康安全问题同样存在一定的判别标准,因此用个体规范对行为的意向进行预测符合已有的研究结论。同时本书认为,人们会遵循个体规范以避免违背规范带来的愧疚或自责,个体规范作为一种规范行为同样会激发个体的行为意向。如将计划行为理论和规范激活理论相结合研究出行问题时,Setiawan 等(2014)认为,个体规范是影响行为意向的重要因素。在环境保护方面,研究表明,在保护环境上感到有道德义务的人更倾向于减少使用个人汽车,倾向于使用公共交通工具或者购买有机食品或采用绿色信息技术(Nordlund & Garvill,2003;Bamberg et al.,2007;Thøgersen & Ölander,2006;Wati et al.,2011;Dalvi – Esfahani et al.,2017)。

本书中,绿色行为包括绿色物质资源和绿色人力资源两个方面,既关注对环境的可持续,也关注人力资源的可持续,是一种利己和利他并存的行为方式。绿色感知的强弱则反映员工的责任意识和道德意识。因此,本书认为,绿色感知程度越强,个体对绿色行为的责任感和道德感越强,个体规范也越强,个体规范又会影响员工的行为意向,据此提出如下假设:

假设 5:绿色感知对个体规范有正向影响。

假设 6:个体规范对行为意向有正向影响。

三、个体规范、行为意向与行为响应的关系

在计划行为理论中,主观规范是个体在决定是否采取某种行为时,感受到的源自于社会的压力,是个体对于社会规则的辨别与判定(盛光华等,2019)。个

人的行为不仅受到实行某一行为的社会压力感知的影响，也不可避免地受到重要他人对某一行为价值偏好感知的影响（胡保玲，2014）。计划行为理论认为行为态度、主观规范以及知觉行为控制都可经过行为意向间接影响行为表现。而本书根据规范激活理论认为，个体规范也是一种行为压力，个体的行为受到被激活的规范影响。如上文所提及的规范激活理论提出者Schwartz的观点，认为个体规范由两因素决定：执行或不执行某行为所带来的结果感知和执行某行为的责任感，即结果意识和责任归属。关于规范激活模型，如前文所述，不同的学者对该模型的解释也存在差异。如Zhang等（2013）研究认为，结果意识和责任归属感均正向影响个体规范，与Schwartz的观点一致；Onwezen等（2013）认为，结果意识通过责任归属影响个体规范，认为是中介作用；Hopper和Nielsen（1991）在研究居民回收行为时认为，结果意识和责任归属作为调节变量，在个体规范和回收行为中起调节作用；Vining和Ebreo（1992）研究认为，结果意识调节个体规范和回收行为之间的关系，而责任归属的调节作用不显著；De Groot和Steg（2009）通过比较研究认为，规范激活模型是中介模型。

本书研究认为，绿色感知反映员工对工作过程中环保和安全健康问题的敏感性和责任感，这种责任感会对个体行为产生某种压力。根据规范激活理论，个体规范程度越强，实施某行为的可能性就越强。个体规范反映了个体的内在价值观，是个体决策过程中的道德义务。当个体规范被激活时，会影响个体的行为意向和实际行为。而行为规范通常是受到内部而不是外部过程驱使（Kallgren et al.，2000），个体规范则可以作为驱使个体行为的内部过程。此外，研究也证实了个体规范和实际行为的关系，如De Groot和Steg（2009）研究认为，个体规范可以直接影响行为；Wiidegren（1998）研究认为，个体规范与亲环境行为和环保产品的支付意愿具有较强的相关性；Zhang等（2013）以北京为例，研究员工的节电行为，认为个体规范对员工节电行为有正向影响；袁红平和王婧（2018）在研究废弃物减量化行为中，认为个体规范对管理人员的减废行为有重要影响，个体规范对行为减废的行为意向也有重要影响。此外，根据计划行为理论，行为意向越强，越可能实行该行为。理性行为理论认为实际行为通常直接取决于个体执行特定行为的行为意向。在环保方面研究，贺爱忠等（2012）研究居民环保行为得出具有环保行为意向的人会积极主动地调整自己的行为以便保护环境，而环保行为意向弱的人则比较少地实施环保行为。在安全健康层面，柳之啸等（2014）认为，健康意向正向预测健康行为。Abrahamse等（2009）在关于通勤用车使用的研究中认为，道德（个体规范）是降低通勤用车意愿的重要因素，个体规范越强,降低通勤用车的意愿也就越强。即感受到的压力越大,越有可能实行某一行为,也会越愿意实施某一行为。比如在环保行为方面,员工感受到压力越大,那么员工就会越愿意在工作中选择节约资源的工作方式。因此,本书将规范激活理论和计划行为理论相结合,并结合前文假设提出如下假设:

假设7:个体规范对行为响应有正向影响。

假设8:行为意向对行为响应有正向影响。

四、参照群体的调节作用

参照群体是指可能对个人的观念、态度或行为产生重要影响的想象或真实的人或群体。一般而言,参照群体既可以是个体不属于但向往的群体(渴望群体),也可以是个人所属的群体(成员群体),或者是个体不想成为其成员的群体(规避群体)。诚然参照群体有多种分类,有研究将参照群体分为规范性参照群体和比较性参照群体,规范性参照群体用于规范个人,比较性群体则为个人提供比较的标准、评价的准则,个体往往在与群体的比较中估计自己。个体所在的群体或所重视的群体常作为个体自身行为或态度的标准。群体的意见和倾向通常具有很强说服力,可以改变个人在某一问题上所持的内在态度。对群体越信任或越依赖,甚至可以用来屏蔽外部信息的影响。群体具有改变个体成员看法或态度甚至影响行为的作用。无论是群体的规范作用还是评价作用,都可以为个人提供参考以便于遵从或矫正自己的行为。

人与环境间复杂的相互作用影响个体的行为,而参照群体则是个体所处的人际环境。主观规范对个人行为的响应在计划行为理论模型中有所论述,这也是参照群体对个体行为产生影响的理论基础,反映个体行为受周边重要他人对目标行为所持态度的影响。比如将参照群体分为信息性社会影响和规范性社会影响时(Deutsch & Gerard,1955),主观规范更类似于规范性社会影响,但是个体往往也通过参照群体的行为来获取正确的信息,从而做出正确的行为而规避错误的行为以便符合群体的行为要求。因此,从质性研究过程对资料进行分析结果来看,认为参照群体的表达更适合。关于参照群体的影响作用,消费领域的研究颇多,从消费领域的研究结果可知,参照群体影响对行为意向具有正向影响。如研究认为参照群体对典型非绿色消费行为具有显著影响(贺爱忠和邓天翔,2014);又如参照群体对游客的亲环境行为具有显著正向影响(方远平等,2020)。在生产领域,在安全问题的研究中,卢红旭(2017)研究认为,当团队中成员不遵守、不执行有关安全的精神和安全制度时,仅仅依靠个体的自我约束来提高安全绩效是很难的。生产中的工作团队或合作小组作为参照群体，员工个体的从众心理以及对内部人身份的追求等都使员工会参照群体中他人的行为，参照群体对员工个人的行为不言而喻。因此，本书认为参照群体向主体提供了某种信息和指向，据此提出如下假设：

假设9：参照群体正向调节行为意向和行为响应的关系。

五、习惯便利偏好的调节作用

习惯便利偏好是员工在工作方式选择时受到其过去工作习惯以及自身对便利偏好的影响程度。人天然具有利己性，正如经济理论中的理性选择，理性通常被认为是利己主义。例如在组织变革的研究中发现，员工也更加关心自身的利益，较少从全局考虑组织的整体利益（Wanberg & Banas，2000）。具体而言，便利性影响员工自身所认定的完成工作的效率以及对工作的付出。在员工的绿色行为中，个体将会评估这样的行为是否方便，是否会使工作过程变得复杂。比如在节约使用资源方面，理性认为不使用电脑时应关机，但受访者认为如果重新开机，消耗时间，比较麻烦。因此，便利性就可能成为员工实施环保行为的阻碍因素。另外，员工个体在工作中都会形成自己的习惯行为，过去的行为通常能较好地预测未来行为，但此种预测是基于与过去相同的情境条件（Danner et al.，2008）。当新的行为方式出现时，这种习惯性在对改变工作方式情境中会产生阻碍。此外，在关于环保行为的研究中，认为行为是主体和情境的函数，即个体行为是行为主体自身所持的对行为的态度和所处的环境因素相互作用后所产生的。当情境因素对具体行为的支持或奖励处于较低程度时，行为如果越困难、越耗时或代价越高，行为对态度因素的依赖程度越弱（Guagnano et al.，1995），越依赖于情境因素。以此推断，习惯便利偏好是个体在过去行为中所形成的心理倾向，此倾向性越强，对新的工作方式支持力度也就越低。因此，本书认为在个体规范和行为意向的关系中，出于利己偏好的选择，坚持原有工作方式的可能性会很高。如果绿色工作方式改变了其原来所惯用的工作流程，则其采取绿色行动的可能性将会很小。王建明（2012）在研究居民的低碳消费行为时认为，个体的实施成本（生活消费习惯和行为便利程度）是意识和行为的两个主要调节变量，如果低碳消费行为实施非常麻烦或者很不便利，那么即使个体偶尔实施，也不可能长期坚持，可以认为长期实施的意愿性很低。本书认为，在行为意向的决策过程中，如果员工认为工作绿色化过程中行为麻烦程度高，基于个体对便利追求的倾向，行为意向可能会下降。基于此，提出如下假设：

假设 10：习惯便利偏好负向调节个体规范与行为意向的关系。

六、行为结果感知的调节作用

行为结果感知是个体对实施某行为可能带来的结果的主观预估。当个体认为结果有益时或能满足个体的某种需求时，通常会倾向于采取某行为；而当个体认为行为结果无益时或认为其结果不能满足个体期望时，倾向于不采取某行为。员工工作绿色化过程中，在资源利用方面，有受访者认为与自己关系（利益挂钩）不大，就不会主动来采取环保行为；而健康行为则是既有利于自身，又有利于组织。客观而言，工作绿色化则是既有利于组织又有利于个体，但由于个体感知的差异导致行为差异。在行为结果感知方面，郑君君等（2019）在研究绿色出行选择行为中，认为提高行为结果感知因素是提高居民绿色出行的行为意向的主要途径。而如果要塑造员工工作的绿色化，则在一定程度上表现为对过去行为的改变。因此，如若从变革的角度来理解，张婕等（2013）研究指出，员工感知到的变革结果是员工预期变革对自身的损益，能影响员工对变革的反应。Paswan 等（2017）研究认为，节约行为的利益越能在近期实现，那么人们越可能参与亲环境行为。李海等（2010）认为，员工对考核结果的不同感知引起员工态度和行为的差异。

本书认为，对于过去未进行绿色行为的个体而言，推行绿色行为可以看作是一种改变或者更甚者可理解为个体变革。此时，对于未来行为的预期结果将影响个体的意愿，对结果的认识越积极、越正面，个体越愿意采取绿色行为，而如果结果被认为是消极的，个体越不愿意采取绿色行为。对于已然实施绿色行为的个体而言，绿色行为的结果更为现实，根据强化理论，行为意向的可能性更强。基于此，提出如下假设：

假设 11：行为结果感知正向调节绿色感知与行为意向的关系。

综上所述，基于上述假设，本书的理论模型如图 4 - 1 所示。

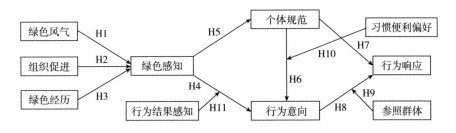

图 4 - 1　本书的理论模型

第二节　量表开发

一、绿色感知的测量

由前文可知，员工绿色感知现在尚未形成完善的成熟评价指标体系，但基于前文扎根理论的分析，员工对绿色的感知集中在工作过程中物质资源的充分利用以保护环境和人力资源安全健康两个方面。因此，本书对员工绿色感知的测量由这两方面来构成。

（一）工作中的环保感知

对员工个体而言，节约资源、避免环境污染是环境保护心理学的范畴，在环境保护心理学中，环境卷入是经常被用来衡量个体心理活动的指标。个体越关心环境问题，在工作中就对环保问题关注度越高，感知程度越强。环境卷入是个体对环境问题的重要性以及环境问题与自身的关联程度的认识，包括个人对环境问题和可能的解决方案的认知，对环境问题与个人关系的相关程度和对环境问题的警觉（Matthes et al.，2014；陈凯等，2019）。可见如果个体属于高环境卷入类型，则个体将对环境问题比较关心，对环保相关的信息比较敏感。而低卷入者则较少关注节约资源或保护环境的行为（Hassan & Fredy，2016）。心理学学者也经常使用环保意识来表示人们意识到并支持环保行为的程度。Maloney 等（1975）提出了"生态态度量表"用来衡量环保意识，并将人们的生态态度分成了四个维度。Weigel 和 Weigel（1978）以美国国情为基础编制了环境关心量表来测量人们对特定环境问题的关心程度。另外，在研究消费者的亲环境行为方面，有研究认为认知利益和环境关心是作为亲环境行为的理性因素存在（张晶晶等，2018），也说明环境关心确实可以衡量人们的环境意识。同时在国内对环境关心量表进行了信效度的检验，发现量表的信效度较好（刘贤伟和吴建平，2012）。伴随着新生态范式量表的出现（Dunlap & Van Liere，2008），国内学者也对新生态范式量表在中国的应用情况进行了分析，例如，洪大用等（2014）通过在中国的测试最终确定了包含 10 个项目的中国式新生态范式量表。也有研究探讨了环保意识的内在本质，将环保意识分为当地环境问题严重性感知、全球环境问题严重性感知、环保行为等 6 个维度（Xiao et al.，2013）。同时自然亲近感、道德情感、生态恐惧感作为情感因素影响个体的亲环境行为（Koening‑Lewis et al.，2013）。

关于公众或居民环保意识研究颇为丰富，但是关于组织内员工的节约资源、保护环境等的研究是否存在特殊性，这样的研究却比较缺乏，也尚未形成可供探讨或检验的量表。在李厚锐等（2014）关于环境保护感知对员工态度的影响一文的研究中，分析了员工环保感知对员工态度的影响，但在其关于员工环保感知的测量题项上，自变量"环保感知"定义为"员工感知到企业履行责任的程度"，在测量题项方面，比如"我所在的企业很好地履行了环境保护责任"。类似的测量题项，衡量的是员工对企业行为的评价，而并没有体现个体内在对工作过程中资源使用等环保问题的重视程度和认知态度。

个人感知相关性是个体将外界信息内化的心理过程。自我参照理论认为，个体在认知客观世界的过程中更容易也更愿意接受与其自身联系密切的信息（盛光华等，2019）。因而员工环保感知也通过工作过程中与自身联系密切的环保要素予以反映。因此，本书的研究在参考公众或居民环保意识、环保态度、环保关心等相关词条的测量量表基础上，根据质性研究资料，通过修改表达词汇编制了员工环保感知测量量表。

（二）工作中的健康安全感知

健康感知的研究在国内相对较少，有部分研究是针对患病者的身体健康状况评估（智喜荷和宫叶琴，2017），认为身体健康感知是个体对自我健康状况、身体功能、社会功能的主观感知和评价（张洁，2018）。从其具体内容来看，其与本书主题并不相符。以 Health perception 或者 Perceived health 为研究主题，国外的研究相对丰富。Jun 和 Jeong（2012）研究了身体活动、衣着行为与健康感知的关系，用"I am healthy"和"I often get sick"两个题项来测量调查者的健康感知，从题项的设置可以得知健康感知仍然是对自我健康的主观评价。Eurenius 和 Stenström（2005）研究认为，体育活动、锻炼和身体素质是影响身体健康的相关因素，而且研究也已发现身体活动、身体素质和一般的健康感知存在相关关系，因此可以用身体活动、锻炼、身体素质的评估来反映人们对自身健康状况的感知。Saifullah 和 Li（2018）认为，员工年度体检包括培养员工自身的保健意识，以控制慢性病和新发疾病的风险，改善健康状况，防止不健康的行为和做法，而且全球几百万人的死亡都与职业事故、工作伤害和疾病有关。员工年度体检能增强员工的自我保健意识，防止传染病或慢性疾病发展成为严重的健康问题。Anitei 等（2014）以职场压力感知分析员工的生理、心理和行为反应，认为工作压力是影响健康的重要因素，身体健康评价是积极的，那么心理健康评价也是积极的。Gavin（1977）研究了员工对工作场所环境感知引起的心理健康问题，该研究通过自我成长、工作压力、人际关系和工作满意四个维度对员工心理健康进行测量。在关于工作安全问题的研究中，缺乏安全意识和不良的安全态度通常是引起工作事故的两大主要因素（Teo et al., 2005），因而需对健康安全意识进行测量。本书基于以上对身体健康（包含对工作安全问题的重视）和心理健康的研究基础上，结合前文访谈所得资料，将员工绿色感知中的安全健康感知界定为员工在工作过程中对自身身体健康和心理健康的关注、重视和保障意识，不局限在对自身身体健康的评价。基于此，本书研究参考已有的测量题目拟定了员工健康感知量表。

二、绿色风气的测量

本书中，绿色风气用以反映社会整体对绿色的重视程度，由于未形成关于社会风气的测量量表，本书参照质性研究的访谈资料进行开发。绿色风气主要包含三个方面：学校教育、家庭教育和媒体的宣传引导。媒体宣传引导的测量参考前期调研对媒体宣传内容的表述自行编制。教育引导分为学校教育和家庭教育两个方面，用单一题项分别对学校教育和家庭教育在环保方面的重视程度以及在健康方面的教育重视程度的评价进行测量。

三、组织促进的测量

本书所使用的组织促进主要包括组织规范、奖惩监督、指标明确、领导支持、资金投入等。组织制度参考刘枭（2011）、芦慧等（2016）组织制度支持量表以及 Kerr 和 Jernier（1978）领导替代量表，并根据访谈内容对测量条款进行了修改和补充。领导者支持题项参考刘新霞等（2013）关于管理者关注安全生产的量表以及 Franke 等（2014）中领导健康关心量表，在对相关量表进行修正的基础上形成本书的领导支持量表，综合构建了工作绿色化过程中的组织促进量表。

四、个体因素的测量

（一）绿色行为意向和行为响应

行为意向和行为响应分别从环保意愿与行为响应、安全健康行为意向与行为响应两个方面进行衡量。量表参照杨冉冉（2016）节能行为意向及行为表现的量表，同时参考 Franke 等（2014）关于健康行为的表述以及 Weigel R. 和 J. Weigel（1978）环保行为意向量表。同时在行为响应方面，Griffin 和 Neal（2000）将安全行为分为遵从性安全行为（自身遵守安全行为）和参与性安全行为（参与组织和他人的安全行为）。遵从性安全行为遵守安全程序，安全开展工作，一般包含在具体的工作描述中（Neal & Griffin，2006）；参与性工作行为是帮助同事，积极推进工作安全计划，努力改善工作场所的安全，超越了工作规范，在本质上是自由的（Neal & Griffin，2006）。本书质性分析的结果显示，绿色响应行为主要分为两类，一类是员工对自身行为的约束，另一类是对他人行为的劝导或干预。遵从性安全行为是员工对工作程序的遵守，但员工对自身行为的约束不仅包含遵从，还包括自己认为属于绿色行为范畴的自我规范；同时参与性安全行为是自由的，包括帮助同事，努力改善工作场所安全，超越工作规范。参与性安全行为的自由属性涵盖在员工的自我约束行为中，帮助同事行为又是对他人行为的干预，而此分类与本书的行为响应分类存在共通部分。因此，本书借助安全绩效的行为分类并结合质性分析结果，在绿色行为响应测量时将自我约束和干预他人两种行为包含在内。在此基础上通过修改形成本书所使用的行为意向和行为响应初始量表。

（二）参照群体

Park 和 Lessig（1977）研究认为，参照群体是对个体评价、期望或行为具有显著影响的实际的或想象的个体或群体，并且使用包含 14 个题项的量表对参照群体的三个维度进行了测量，本书根据访谈资料内容对该量表进行了修正，主要选取参照群体的信息影响和规范影响两个维度。

（三）个体规范

个体规范体现个体对某对象的道德义务感。关于个体规范的量表大多从正反两方面来进行衡量，例如，张晓杰等（2016）通过"我有道德义务去实施目标行为"等题项进行测量；Abrahamse 等（2009）通过"开车上班我感觉内疚""我感觉我有责任减少开车的次数"等题项对个体规范进行测量来研究降低通勤开车的问题；Steg 和 De Groot（2010）则使用诸如："我感觉愧疚……""从道德上来说，我有责任……""如果我没做到，我感觉内疚……"等题项进行测量，该研究认为愧疚感是个体规范的内在含义，不同于 Bamberg 等（2007）研究中所认为的愧疚感和个体规范对行为有不同的作用。本书在辨析具体语义及内在关系的基础上认为，将内疚感作为个体规范的应有之意在中国的语境下更容易理解，因此借鉴以上对个体规范的测量题项，根据本书主题对以上表述进行修改形成本书中关于个体规范的测量量表。

（四）绿色经历

绿色经历是指员工亲身经历的或听闻的绿色事件在自己内心留下的印象，个体所经历的事件储存在自我的记忆库中，对个体未来的感想和行为有重要影响。李艺伟等（2015）认为，个体当前的行为经常受到过去的生活经验的影响，已经历的事件会留存在记忆中，当再次遇到相同线索时，会引起个体的某种情绪和行为反应。当基于过去某件事来思考未来的情景时会引发个体当前的某种反应。因此，本书结合访谈内容自行编制了关于绿色经历量表，由正面和反面事件构成，以事件在记忆中的清晰程度作为衡量标准。

（五）习惯便利偏好

习惯便利偏好反映员工在选择行为过程中对便利性的偏好程度以及对行为习惯的遵从程度，反映个体的内在倾向。根据访谈资料，受访者反映在实行自愿性环保行为的过程中，员工会考虑是否会带来额外的工作。同时对于新的工作方式，个体认为习惯的改变会带来工作不适感。王建明（2012）从理论上认可了行为便利性对行为的影响，但该研究并未对其进行量化的检验。因此，本书根据访谈资料内容自行编制了习惯便利偏好量表。

（六）行为结果感知

行为结果感知是个体对采取某行为带来的结果预期。不同的行为预期结果存在差异。Wright 和 Marsden（2005）从员工健康和安全的角度认为，在其所研究的 500 个组织的调查数据中，73％的雇主认为健康安全需求有利于整个组织，从长期来看可以节省资金；Smallman 和 John（2001）认为，对企业责任感和声誉的关注是对健康和安全实施管理的驱动因素。本书根据杨冉冉（2016）关于绿色出行的结果感知测量题项的陈述方式，并结合受访者的观点以及以上研究成果编制了本书的行为结果感知量表。

（七）人口统计学特征

在 Marquart – Pyatt（2012）关于环保意识的研究中，研究结果表明在影响环保意识的个人因素中包括教育、年龄、性别。洪大用和卢春天（2011）在对公众的环境关心研究时发现，年龄、收入、受教育水平以及性别会影响公众的环境关心。基于此本书在人口统计学特征部分设置了性别、年龄、学历题项。同时在访谈时发现对于不同层级的员工，如基层员工和管理者的观点存在差异，因此在个体统计学特征部分增加了职位层级的调查。此外，在访谈时发现，对于不同性质的单位绿色关注也存在差异，例如，国有企业员工普遍对健康关注度比较高，而在私营企业对节约资源关注度更高，因此问卷中增加了对单位性质的调查。单位性质的分类参考《2017 中国统计年鉴》企业法人单位数中关于企业性质的分类。此外，量表还涵盖了是否有未成年人、居住状况、工作年限等调查，源自受访者认为，老年人比较节约，或者由于家中有小孩的原因比较关注环保和健康。在工作年限的设定过程中，2016 年中国企业联合会研究部刊登在新浪财经频道的关于中国企业平均寿命的报道中显示，中国中小企业平均寿命只有 2.5 年，民营企业平均寿命 3.7 年，中国大企业的平均寿命 7～9 年。因此在调查工作年限时，本书调查任现职的工作时间，具体测量时对 15 年以下进行了细分。

五、量表的构成

初始问卷包含两大部分：基本情况和主体量表。具体的量表由个人特征、行为意向与行为响应、绿色感知、绿色风气、组织促进、绿色经历、个体规范、参照群体影响、习惯便利偏好、行为结果感知分量表构成，初始量表构成如表 4 - 1 所示，初始量表具体测量题项见附录二。

表 4 - 1　量表构成

变量名称	维度	对应题项	参考量表
个人特征	性别	Q1	Marquart - Pyatt（2012）；洪大用和卢春天（2011）；《2017 中国统计年鉴》
	年龄	Q2	
	学历水平	Q3	
	职位层级	Q4	
	工作年限	Q5	
	单位性质	Q6	
	居住状态	Q7	
	有无未成年人	Q8	
绿色感知		Q9 - 1～Q9 - 18	Maloney 等（1975）；张晶晶（2018）；Weigel 等（1978）；刘贤伟（2012）；Dunlap 和 Van Liere（2008）；洪大用等（2014）；Xiao 等（2013）；Schuhwerk 和 Lefkoff - Hagiu（1995）；自行修改
行为意向		Q10 - 1～Q10 - 8	Franke 等（2014）；杨冉冉（2016）；Weigel 和 Weigel（1978）；
行为响应		Q11 - 1～Q11 - 6	岳婷（2014）；Griffin 和 Neal（2000）；自行修改
绿色风气		Q12 - 1～Q12 - 6	自行开发

变量名称	维度	对应题项	参考量表
组织促进 （行为规范、奖惩规定、 组织氛围、管理者支持）		Q13 – 1 ~ Q13 – 18	刘枭（2011）；Kerr 和 Jernier（1978）； 芦慧等（2016）；李梦园（2018）； Franke 等（2014）；刘新霞等（2013）； 自行修改
参照群体影响		Q14 – 1 ~ Q14 – 6	Park 和 Lessig（1977）；自行修改
个体规范		Q15 – 1 ~ Q15 – 6	张晓杰等（2016）；Abrahamse 等（2009）；Steg 和 De Groot（2010）； 自行修改
行为结果感知		Q16 – 1 ~ Q16 – 7	杨冉冉（2016）；自行修改
绿色经历		Q17 – 1 ~ Q17 – 4	参照质性研究结论自行开发
习惯便利偏好		Q18 – 1 ~ Q18 – 4	参照质性研究结论自行开发

第三节　本章小结

　　本章主要根据扎根理论分析结果并同时根据计划行为理论和规范激活理论以及其他文献的相关研究成果对质性研究中提出的变量间关系提供文献支持和理论假设。在完成理论假设后，本章参照相关文献中使用的量表，并结合本书研究主题，对量表进行修改和开发，编制了本书所使用的初始量表，同时以表格的形式呈现了初始量表的基本构成。

第五章　量化研究设计及检验

为了检验前文中理论模型是否成立，本章以企业员工为调查对象，采用问卷调查的方式收集数据，进而进行实证检验。尽管本书在量表的构成过程中参阅了相关研究成果中的成熟量表，但在量表构成过程中仍然根据质性分析的结果进行了量表的修改或自行编制，因此量表是否适应研究主题需进行检验和调整。本章将对已经建立的量表开展预测试，根据预测试完成后所得到的问卷数据的信度和效度检验结果对问卷所包含的题项进行选择，完成量表的修正。在此基础上使用正式问卷收集数据，对模型进行检验。

第一节　预调研及量表的修正

一、问卷调查设计与流程

由于本问卷包含的题项数量较多，为了确保问卷所采用的遣词和句式可以被参与调查的人员准确理解，在开始预调研前，预先选择参与访谈的部分人员所在企业进行试填，并现场收集被调查者提出的疑问，通过修正和整理最终形成了预调研问卷。根据前期所编制的初始量表，发现题项数量比较多。在调查过程中，如果题项过多可能会使调查结果的准确性受到影响，原因可能是题项过多会带来填答者的心理负担、疲倦、不耐烦等。但是根据质性分析所得的研究结果，以及题项的设置依据，轻易对题目进行删减可能会使调查不全面。为此，在调研开始前，本书对设计好的问卷所包含的题项顺序进行了调整。将填答者的人口统计学测量部分以及题项数量较少的分量表和题项数量较多的分量表进行穿插排版，目的是减少填答者的心理负担，在一定程度上减少乱填、漏填或缺乏耐心带来的误差。初始问卷的预调研主要通过参与访谈的人员所在企业填写以及通过网络随机调查的形式获取数据。问卷指导语部分介绍了调查的目的以及关于绿色工作的解释，变量的测量采用李克特五级量表，具体调查流程见图 5 - 1。

图 5 - 1　研究流程

二、预调研过程及样本收集

第一，预调研对象。吴明隆和涂金堂（2012）认为，预测问卷编制完成后，预测的对象应与将来正式问卷要抽取的对象性质相同。本书预测和正式问卷调研均以企业员工为对象，满足该条件。

第二，调研周期及方法。预调研从 10 月 21 日开始，10 月 31 日结束。为了确保回收的效率，本次调研主要借助网络进行发放并结合现场调查，共回收 221 份。删除规律性作答、空题等无效问卷后可用的有效问卷数为 204 份，有效问卷率为 92.3%。

第三，调研数量要求。吴明隆和涂金堂（2012）认为，预测人数以问卷中包含最多题目的分量表的 3 ~ 5 倍人数为原则。本书中，初始量表中题目最多的分量表包含的题项数是 18 题，因此认为 204 份的样本量可以用来进行初始量表的检验。

三、量表的检验和修正

（一）项目分析与信度检验

本书在完成预调研后，首先检验量表的信效度，用来检验问卷是否适用，以此来确保后续调查的实际意义。首先是采用同质性检验进行项目分析，关注每个题项与量表总分相关性和量表的内部一致性。因此采用如下标准对量表进行检验：题项与所在量表总分的相关系数以 0.4 为标准，如果小于 0.4，在一定程度上表明题项与量表构念的关系不是十分密切，可以考虑删除。利用内部一致性检验系数 Cronbach's Alpha（α）值检验内部一致性。根据 α 值对量表中的题项进行删选时，如果删除某题后，对应的分量表的 α 值比未删除时大，那么该题项可以考虑删除。在具体操作方面，本书采用 SPSS 22.0 对预测试所得问卷数据进行项目分析和信度分析，基于以上标准，进行量表的检验。

1. 绿色感知量表信度检验

表 5 - 1 是绿色感知信度分析结果，对于绿色感知，初始量表有 18 个题项，初始量表中各题项与量表总体的相关系数介于 0.418 ~ 0.765，大于 0.4。绿色感

知的 Cronbach's α 值为 0.922，从表 5 - 1 中可见，删除任一题项后，量表的
Cronbach's α 值都未见有明显提高。因此，绿色感知量表具有较好的内部一致性
和稳定性。

表 5 - 1　绿色感知信度分析结果

题项	与整体相关性	项已删除的 Cronbach's Alpha 值	Cronbach's Alpha 值
Q9 - 1 节约或重复利用工作资源是非常重要的	0.651 **	0.917	
Q9 - 2 工作中防止造成环境破坏很有必要	0.440 **	0.918	
Q9 - 3 节约资源保护环境问题优先级应靠前	0.501 **	0.917	
Q9 - 4 保证安全健康工作是第一位的	0.523 **	0.917	
Q9 - 5 降低工作中的健康风险很重要	0.418 **	0.918	
Q9 - 6 安全健康的工作环境应是职业选择的重要因素	0.513 **	0.916	
Q9 - 7 每个人都应该对节约资源保护环境负责	0.585 **	0.915	
Q9 - 8 我能快速识别工作造成的环境破坏	0.446 **	0.920	
Q9 - 9 我能快速识别浪费资源的情况	0.576 **	0.917	0.922
Q9 - 10 我能察觉到工作可能带来的健康损耗	0.508 **	0.920	
Q9 - 11 当我的健康出现问题时我会立即察觉到	0.641 **	0.916	
Q9 - 12 当工作压力过大、精神紧张时，我能意识到	0.712 **	0.919	
Q9 - 13 工作中，重复充分利用资源是可以实现的	0.753 **	0.917	
Q9 - 14 工作中，保护环境方面还可以做得更好	0.655 **	0.918	
Q9 - 15 可以做到及时关闭电脑设备等	0.576 **	0.919	
Q9 - 16 可以做到遵守安全工作条例	0.679 **	0.917	
Q9 - 17 工作压力可以通过各种方式得到缓解	0.679 **	0.917	
Q9 - 18 大多数职业危害事件是可以避免的	0.765 **	0.921	

注：** 表示在 0.01 上显著（双尾）。

2. 绿色行为意向量表的信度检验

表 5 - 2 为绿色行为意向量表的信度分析结果，对于绿色行为意向来说，初
始题项包含 8 个题项。初始量表中各题项与该量表总体的相关系数显示存在两题
项不显著的情形，表明该量表同质性存在问题。绿色行为意向量表的 Cronbach's
α 值为 0.722。从表 5 - 2 中可以看出，删除题项 8（我不愿意在忽视职员安全健
康的单位工作）时 Cronbach's α 值为 0.848，大于 0.722，因此本书删除题项 8，

继续分析量表的信度。在删除 GBI8 题项后,量表总体 Cronbach's α 值变为 0.848,此时统计结果显示删除题项 7(我不愿意在有环境污染的单位工作)后,Cronbach's α 值为 0.903,大于 0.848。因此本书进一步删除题项 7,得到 Cronbach's α 值为 0.903,此时量表中每个题项删除后的 Cronbach's α 值均小于 0.903(见表 5-3),与整体的相关系数介于 0.743~0.878,大于 0.4。因此通过信度分析,绿色行为意向量表删除两题,保留 6 个题项。

表 5-2 绿色行为意向信度分析结果 1

题项	与整体相关性	删除该题项后Cronbach's α 值	Cronbach's Alpha 值
Q10-1 我愿意节约各种资源、避免破坏环境,如,关电脑、关电源、使用环保纸张或原材料等	0.878**	0.659	
Q10-2 我乐于和同事分享关于资源节约或防止污染的信息	0.814**	0.635	
Q10-3 我不愿意因工作而损害我的身心健康	0.654**	0.668	
Q10-4 我乐于和同事分享关于健康安全工作的信息	0.659**	0.618	0.722
Q10-5 我愿意帮助同事在工作中节约资源、避免破坏环境	0.631**	0.668	
Q10-6 我愿意提醒同事遵守安全条例	0.892**	0.640	
Q10-7 我不愿在忽视职员安全健康的单位工作	0.134	0.784	
Q10-8 我不愿意在有环境污染的单位工作	0.030	0.848	

注:**表示在 0.01 上显著(双尾)。

表 5-3 绿色行为意向信度分析结果 2

题项	与整体相关性	删除该题项后Cronbach's α 值	Cronbach's Alpha 值
Q10-1 我愿意节约各种资源、避免破坏环境,如,关电脑、关电源、使用环保纸张或原材料等	0.766**	0.894	
Q10-2 我乐于和同事分享关于资源节约或防止污染的信息	0.878**	0.873	
Q10-3 我不愿意因工作而损害我的身心健康	0.860**	0.898	0.903
Q10-4 我乐于和同事分享关于健康安全工作的信息	0.743**	0.873	
Q10-5 我愿意帮助同事在工作中节约资源、避免破坏环境	0.849**	0.880	
Q10-6 我愿意提醒同事遵守安全条例	0.835**	0.882	

注:**表示在 0.01 上显著(双尾)。

3. 绿色行为响应量表的信度检验

表5-4是绿色行为响应量表的信度分析结果，对于绿色行为，初始量表有6个题项。初始量表中各题项与量表总体的相关系数介于0.692~0.816，大于0.4。绿色行为的 Cronbach's α 值为0.859，从表5-4中可见，删除任一题项的 Cronbach's α 值都未大于量表的 Cronbach's α 值。因此，绿色行为量表具有较好的内部一致性和稳定性。

表5-4　绿色行为响应信度分析结果

题项	与整体相关性	项已删除的 Cronbach's Alpha 值	Cronbach's Alpha 值
Q11-1 工作中我都尽可能避免破坏环境和浪费资源	0.756**	0.836	
Q11-2 我拒绝引起环境破坏的工作安排	0.740**	0.841	
Q11-3 我主动向上级汇报存在的安全健康风险	0.816**	0.826	0.859
Q11-4 我尝试调整自身工作要求，以达到身心平和	0.692**	0.854	
Q11-5 工作中我经常提醒同事如何避免破坏环境	0.808**	0.826	
Q11-6 工作中我经常提醒同事遵守安全条例等以保持健康状态	0.793**	0.828	

注：**表示在0.01上显著（双尾）。

4. 绿色风气量表信度检验

表5-5是反映社会因素的绿色风气的信度分析结果，对于社会因素，初始量表有6个题项，初始量表中各题项与量表总体的相关系数介于0.629~0.947，大于0.4。整个量表的 Cronbach's α 值为0.934，从表5-5中可见，删除任一题项，Cronbach's α 值都未有提高。因此，绿色风气量表具有较好的内部一致性和稳定性。

表5-5　绿色风气的信度分析结果

题项	与整体相关性	项已删除的 Cronbach's Alpha 值	Cronbach's Alpha 值
Q12-1 学校在传授环保知识方面	0.940**	0.913	
Q12-2 学校在引导身心健康方面	0.771**	0.920	
Q12-3 家庭在引导环保行为和意识方面	0.763**	0.914	0.934
Q12-4 家庭在教导身心健康方面	0.724**	0.919	
Q12-5 各类媒体在宣传环保知识、环保典型方面	0.629**	0.933	
Q12-6 各类媒体在宣传身心健康、职业安全方面	0.947**	0.930	

注：**表示在0.01上显著（双尾）。

5. 组织促进量表信度检验

表 5-6 是组织促进量表的信度分析结果，初始量表有 18 个题项，初始量表中各题项与量表总体的相关系数介于 0.613 ~ 0.868，大于 0.4，组织因素的 Cronbach's α 值为 0.970，删除任一题项，Cronbach's α 值都未有提高。因此，组织促进量表具有较好的内部一致性和稳定性。

表 5-6　组织促进的信度分析结果

题项	与整体相关性	项已删除的 Cronbach's Alpha 值	Cronbach's Alpha 值
Q13-1 单位在保障安全健康方面投入很大（包括职工体检、安全设备、劳保用品、心理疏导等）	0.802 **	0.968	0.970
Q13-2 单位制定了完善的保障职工健康安全的工作规范	0.753 **	0.968	
Q13-3 单位对安全健康工作过程进行考核	0.804 **	0.967	
Q13-4 不采用健康安全工作方式或违规操作，会受到批评甚至惩罚	0.613 **	0.969	
Q13-5 采用安全工作方式，保持健康工作状态会受到奖励	0.703 **	0.968	
Q13-6 组织形成了重视安全健康的氛围	0.780 **	0.967	
Q13-7 管理者重视下属提出的健康安全意见	0.738 **	0.968	
Q13-8 管理者能察觉并指导员工出现的安全健康问题	0.747 **	0.967	
Q13-9 管理者自身非常重视安全健康工作	0.769 **	0.968	
Q13-10 单位在节约资源和环境保护方面的投入很大（包括资金、设备等）	0.837 **	0.968	
Q13-11 单位制定了循环利用资源或防止环境污染的工作规范或行动指南	0.802 **	0.968	
Q13-12 工作中会对环保行为过程及结果进行考核	0.814 **	0.967	
Q13-13 不采用环保工作方式，职员会受到批评甚至惩罚	0.748 **	0.968	
Q13-14 采用环保工作方式，单位会奖励职员	0.714 **	0.968	
Q13-15 组织形成了循环利用资源和保护环境的氛围	0.770 **	0.967	
Q13-16 管理者重视下属提出的环保意见	0.787 **	0.967	
Q13-17 管理者能发现并指导下属工作过程中存在的资源使用等环保问题	0.832 **	0.967	
Q13-18 管理者自身采用环保的工作方式	0.868 **	0.968	

注：** 表示在 0.01 上显著（双尾）。

6. 参照群体影响量表信度检验

表 5 - 7 是参照群体影响量表的信度分析结果，初始量表有 6 个题项，Cronbach's α 值为 0.782。但信度分析结果显示，删除第一题项的 Cronbach's α 值变为 0.792，大于量表的 Cronbach's α 值 0.782。因此，初始量表删除第一题项，剩余题项的 Cronbach's α 值见表 5 - 7。从表 5 - 7 中可见，删除任一题项，Cronbach's α 值都未有提高，各题项与整体的相关系数介于 0.483 ~ 0.870，大于 0.4。因此，参照群体影响量表删除一个题项后具有较好的内部一致性和稳定性。

表 5 - 7　参照群体影响信度分析结果

题项	与整体相关性	项已删除的 Cronbach's Alpha 值	Cronbach's Alpha 值
Q14 - 2 为了同事关系融洽，我的工作方式会受到他们偏好的影响	0.717**	0.763	0.792
Q14 - 3 我的工作方式会受到组织中权威人士行为偏好的影响	0.583**	0.747	
Q14 - 4 重要他人对我的期望会影响我的工作方式选择	0.483**	0.763	
Q14 - 5 我会从同事那里寻求工作方式的信息	0.747**	0.733	
Q14 - 6 我会从领导那里寻求工作方式的信息	0.870**	0.755	

注：**表示在 0.01 上显著（双尾）。

7. 个体规范量表信度检验

表 5 - 8 是个体规范量表的信度分析结果，初始量表有 6 个题项，初始量表中各题项与量表总体的相关系数介于 0.620 ~ 0.926，大于 0.4。个体规范的 Cronbach's α 值为 0.899，从表 5 - 8 中可见，删除任一题项后，量表的信度 Cronbach's α 值都未有提高。因此，可以认为个体规范量表具有较好的内部一致性和稳定性。

表 5 - 8　个体规范信度分析结果

题项	与整体相关性	项已删除的 Cronbach's Alpha 值	Cronbach's Alpha 值
Q15 - 1 考虑自己在单位所处的职位，我觉得应该绿色工作	0.852**	0.890	0.899
Q15 - 2 我觉得绿色工作是正确的选择	0.620**	0.889	

题项	与整体相关性	项已删除的 Cronbach's Alpha 值	Cronbach's Alpha 值
Q15-3 我认为绿色工作是每个人的责任	0.658**	0.891	
Q15-4 如果我没有绿色工作，我会感觉有点内疚	0.695**	0.873	0.899
Q15-5 从道德上来说，我有责任保持绿色工作	0.768**	0.867	
Q15-6 浪费资源或违反安全条例，我很自责	0.926**	0.873	

注：**表示在0.01上显著（双尾）。

8. 行为结果感知量表信度检验

表5-9是行为结果感知量表的信度分析结果，初始量表题项有个7题项，Cronbach's α值为0.804，但信度分析结果显示，删除第一题项的Cronbach's α值变为0.923，因此初始量表删除第一题项，剩余题项的Cronbach's α值见表5-9。从表5-9中可见，删除任一题项，Cronbach's α值都未有提高。包含6个题项的量表中各题项与量表总体的相关系数介于0.741~0.885，大于0.4。因此，行为结果感知量表删除一题后具有较好的内部一致性和稳定性。

表5-9 行为结果感知信度分析结果

题项	与整体相关性	项已删除的 Cronbach's Alpha 值	Cronbach's Alpha 值
Q16-2 提升企业社会形象	0.875**	0.915	
Q16-3 提升企业对求职者的吸引力	0.834**	0.908	
Q16-4 使工作环境更舒心	0.741**	0.912	0.923
Q16-5 提升工作满意感	0.771**	0.908	
Q16-6 提升组织自豪感	0.768**	0.905	
Q16-7 提升工作动力	0.885**	0.907	

注：**表示在0.01上显著（双尾）。

9. 绿色经历量表信度检验

表5-10是绿色经历量表的信度分析结果，初始量表有4个题项，初始量表中各题项与量表总体的相关系数介于0.652~0.802，大于0.4。绿色经历的

Cronbach's α 值为 0.730，从表 5-10 中可见，删除任一题项，量表的 Cronbach's α 值都未有提高。因此，可以认为绿色经历量表具有较好的内部一致性和稳定性。

表 5-10　绿色经历信度分析结果

题项	与整体相关性	项已删除的 Cronbach's Alpha 值	Cronbach's Alpha 值
Q17-1 节约资源保护环境的事件	0.802**	0.632	
Q17-2 破坏环境、污染环境的事件	0.652**	0.704	
Q17-3 保障职业健康的事件	0.792**	0.623	0.730
Q17-4 发生的职业危害事件	0.726**	0.708	

注：**表示在 0.01 上显著（双尾）。

10. 习惯便利偏好量表信度检验

表 5-11 是习惯便利偏好量表的信度分析结果，初始量表题项有 4 题项，初始量表中各题项与量表总体的相关系数介于 0.696~0.912，大于 0.4。习惯便利偏好的 Cronbach's α 值为 0.886，从表 5-11 中可见，删除任一题项，Cronbach's α 值都未有提高。因此，可以认为习惯便利偏好量表具有较好的内部一致性和稳定性。

表 5-11　习惯便利偏好信度分析结果

题项	与整体相关性	项已删除的 Cronbach's Alpha 值	Cronbach's Alpha 值
Q18-1 需要额外付出的程度（时间、精力等）	0.899**	0.807	
Q18-2 使工作变得复杂程度	0.783**	0.796	
Q18-3 改变工作习惯的程度	0.696**	0.717	0.886
Q18-4 带来的不适应程度	0.912**	0.694	

注：**表示在 0.01 上显著（双尾）。

（二）因子分析及效度检验

本书通过因子分析来检验效度。一方面由于本书问卷并非完全使用成熟的量表，修改后的或自行编制的量表效度需要进一步检验；另一方面不同的受调查者对问卷的同一题项表达存在主观感知的差异性，所以有必要对量表进行效度检验。

在进行效度分析之前，首先需要对各个量表是否适合进行因子分析做出判断，通常检验是否适合进行因子分析的判断准则是 KMO 值和球形检验（Bartlett）。因此，本书的研究首先运用 SPSS22.0 统计软件，对研究所用的量表进行 KMO 值和球形检验，结果如表 5 - 12 所示。同时，根据 Kaiser 的关于用 KMO 指标值来判断因子分析程序时的准则，呈现了如表 5 - 12 中所示的因子分析适切度判断标准（吴明隆，2015）。从表 5 - 12 中可见，本书研究中所使用的量表不仅 KMO 值大于 0.60，同时球形检验显著性水平小于 0.05，表明均适合做因子分析。

表 5 - 12　各变量 KMO 值及因子分析的适切度判断

变量名称	KMO	近似卡方	自由度 df	显著性 Sig	因子分析适切度
绿色感知	0.904	2663.812	153	0.000	极佳
行为意向	0.846	836.714	15	0.000	良好
绿色行为响应	0.833	524.674	15	0.000	良好
绿色风气	0.883	1052.672	15	0.000	良好
组织促进	0.953	3990.078	153	0.000	极佳
参照群体影响	0.667	495.279	10	0.000	尚可
个体规范	0.872	731.296	15	0.000	良好
行为结果感知	0.823	1040.491	15	0.000	良好
绿色经历	0.714	175.190	6	0.000	适中
习惯便利偏好	0.800	276.044	6	0.000	良好

1. 绿色感知的因子分析

绿色感知初始题项 18 题，通过因子分析，采用主成分分析法、提取标准为特征值大于 1，利用最大方差法作正交旋转（后文相同）。总方差解释率见表 5 - 13，结果显示共提取到 3 个共同因子，初始特征值分别为 8.233、2.764 和 1.417，均大于 1，3 个因子的累积方差解释量为 68.964%，每个题项在对应因子上的载荷均大于或接近 0.5，证明量表的结构效度较好。同时从旋转后的成分矩阵来看（见表 5 - 14），题项较为均匀地分布在 3 个因子中，3 个因子分别命名为绿色观念、绿色可行性和绿色察觉。

表 5 - 13 绿色感知的因子分析结果

成分	初始特征值			提取平方和载入			旋转平方和载入		
	合计	方差的%	累积%	合计	方差的%	累积%	合计	方差的%	累积%
1	8.233	45.737	45.737	8.233	45.737	45.737	5.004	27.799	27.799
2	2.764	15.353	61.090	2.764	15.353	61.090	4.285	23.803	51.602
3	1.417	7.874	68.964	1.417	7.874	68.964	3.125	17.362	68.964

表 5 - 14 绿色感知的旋转成分矩阵

测量题项	成分		
	1	2	3
Q9 - 4 保证安全健康工作是第一位的	**0.869**	0.103	0.199
Q9 - 2 工作中防止造成环境破坏很有必要	**0.830**	0.236	0.029
Q9 - 3 节约资源保护环境问题优先级应靠前	**0.785**	0.221	0.169
Q9 - 5 降低工作中的健康风险很重要	**0.757**	0.026	0.321
Q9 - 1 节约或重复利用工作资源是非常重要的	**0.756**	0.291	0.126
Q9 - 6 安全健康的工作环境应是职业选择的重要因素	**0.752**	0.091	0.437
Q9 - 7 每个人都应该对节约资源保护环境负责	**0.749**	0.183	0.443
Q9 - 16 安全工作条例能严格遵守	0.214	**0.879**	0.084
Q9 - 13 工作中,重复充分利用资源是可以实现的	0.187	**0.857**	0.177
Q9 - 15 可以做到及时关闭电脑、设备等	0.191	**0.843**	0.021
Q9 - 17 工作压力可以通过各种方式得到缓解	0.106	**0.761**	0.317
Q9 - 14 工作中,保护环境方面还可以做得更好	0.164	**0.742**	0.276
Q9 - 18 大多数职业危害事件是完全可以避免的	0.084	**0.699**	0.257
Q9 - 11 当我的健康出现问题时我会立即察觉到	0.214	0.251	**0.791**
Q9 - 12 当工作压力过大、精神紧张时,我能意识到	0.096	0.264	**0.779**
Q9 - 8 我能快速识别工作造成的环境破坏	0.280	0.035	**0.730**
Q9 - 9 我能快速识别浪费资源的情况	0.295	0.296	**0.594**
Q9 - 10 我能察觉到工作可能带来的健康损耗	0.331	0.257	**0.469**

2. 行为意向的因子分析

本书在初始设置绿色行为意向量表时,共设置 8 个题项,经过信度检验删除 2 个题项。因此包含 6 个题项的绿色行为意向因子分析结果见表 5 - 15。运用统计软件 SPSS22.0,主成分分析法进行因子提取、旋转方式为方差最大化正交旋转,因子个数不限定,提取标准为特征值大于 1(后文相同)。结果显示提取的共同因素为 1,6 个题项最终聚合为 1 个因子,而且每个题项在因子上的载荷均大于 0.5(见表 5 - 15),证明量表的结构效度较好,特征值为 4.073,大于 1,累积解释方差为 67.891%。因此,本书认为绿色行为意向为单一维度。

表5−15　行为意向探索性因子分析结果

测量题项	因子载荷	特征值	解释方差%	累积解释方差%
Q10−2	0.890	4.073	67.891	67.891
Q10−5	0.843			
Q10−6	0.841			
Q10−4	0.830			
Q10−1	0.779			
Q10−3	0.753			

3. 绿色行为响应的因子分析

本书绿色行为响应变量基于质性研究结果，将行为设定为自我约束行为和干预他人行为两类，共设置题项6个。通过因子分析，采用主成分分析法、提取标准为特征值大于1，利用最大方差法作正交旋转。结果显示提取的共同因素有1个，所有题项聚合为1个因子，每个题项在因子上的载荷最小为0.674，大于0.5，特征值为3.550，方差解释量59.159%（见表5−16）。但由于本书对绿色行为的设置为两个因子，探索性因子分析提取的公因子个数与质性研究结果有所差异，于是，本书继续用AMOS 24.0对2个因子和1个因子的拟合效果进行检验。结果如表5−17所示，RMSEA由0.090减小至0.047；RMR由0.036减小至0.026；CMIN/DF由2.162减小至1.315；CFI、IFI、NFI、GFI值均有所上升（见表5−17）。总体来说，绿色行为的双因子拟合效果高于单因子拟合的效果，因此本书认为绿色行为设定为两个维度可以接受。自我约束行为和干预他人行为分别对应题项Q10−1～Q10−4和Q10−5～Q10−6。

表5−16　绿色行为响应探索性因子分析结果

测量题项	因子载荷	特征值	解释方差%	累积解释方差%
Q10−3	0.813	3.550	59.159	59.159
Q10−6	0.807			
Q10−5	0.806			
Q10−1	0.771			
Q10−2	0.734			
Q10−4	0.674			

表 5 – 17　绿色行为响应验证性因子拟合指数

指标	RMSEA	RMR	CFI	IFI	NFI	GFI	CMIN/DF
双因子	0.047	0.026	0.992	0.992	0.968	0.976	1.315
单因子	0.090	0.036	0.966	0.967	0.940	0.966	2.162

4. 绿色风气的因子分析

项目分析完成后，本书对组织外部因素的绿色风气进行探索性因子分析。初始题项6题，通过因子分析，采用主成分分析法、提取标准为特征值大于1，利用最大方差法作正交旋转。总方差解释率见表5–18，结果显示共提取到1个共同因子，每个题项在因子上的载荷最小为0.793，均大于0.5，方差解释量为75.369%，证明量表结构效度较好。

表 5 – 18　绿色风气因子分析结果

测量题项	因子载荷	特征值	解释方差%	累积解释方差%
Q12 – 2	0.917			
Q12 – 1	0.912			
Q12 – 4	0.884	4.522	75.369	75.369
Q12 – 3	0.879			
Q12 – 6	0.817			
Q12 – 5	0.793			

5. 组织促进的因子分析

本书中组织促进因素初始题项18题。通过因子分析，采用主成分分析法、提取标准为特征值大于1，利用最大方差法作正交旋转。结果显示共提取到2个共同因素，2个因子的方差解释量为74.522%（见表5–19），且每个题项在对应因子上的载荷最小为0.658，大于0.5。同时从旋转后的成分矩阵来看，题项较为均匀地分布在2个因子中，本书将预测后的两因子命名为组织环保促进和组织健康促进，分别对应 Q13 – 1 ~ Q13 – 9 和 Q13 – 10 ~ Q13 – 18 测量题项（见表 5 – 20）。

表 5 – 19　组织促进因子分析结果

成分	初始特征值			提取平方和载入			旋转平方和载入		
	合计	方差的%	累积%	合计	方差的%	累积%	合计	方差的%	累积%
1	11.990	66.610	66.610	11.990	66.610	66.610	7.042	39.120	39.120
2	1.424	7.912	74.522	1.424	7.912	74.522	6.372	35.402	74.522

表 5-20　组织促进旋转成分矩阵

测量题项	成分	
	1	2
Q13-12 工作中会对环保行为过程及结果进行考核	**0.839**	0.300
Q13-13 不采用环保工作方式，职员会受到批评甚至惩罚	**0.831**	0.318
Q13-11 单位制定了循环利用资源或防止环境污染的工作规范或行动指南	**0.826**	0.336
Q13-15 组织形成了循环利用资源和保护环境的氛围	**0.818**	0.355
Q13-14 采用环保工作方式，单位会奖励职员	**0.798**	0.368
Q13-17 管理者能发现并指导下属工作过程中存在的资源使用等环保问题	**0.797**	0.314
Q13-16 管理者重视下属提出的环保意见	**0.783**	0.240
Q13-10 单位在节约资源和环境保护方面的投入很大（包括资金、设备等）	**0.768**	0.336
Q13-18 管理者自身采用环保的工作方式	**0.738**	0.315
Q13-7 管理者重视下属提出的健康安全意见	0.310	**0.825**
Q13-6 组织形成了重视安全健康的氛围	0.344	**0.798**
Q13-3 单位对安全健康工作过程进行考核	0.301	**0.791**
Q13-8 管理者能察觉并指导员工出现的安全健康问题	0.307	**0.781**
Q13-9 管理者自身非常重视安全健康工作	0.360	**0.744**
Q13-2 单位制定了完善的保障职工健康安全的工作规范	0.238	**0.713**
Q13-5 采用安全工作方式，保持健康工作状态会受到奖励	0.241	**0.703**
Q13-1 单位在保障安全健康方面投入很大（包括职工体检、安全设备、劳保用品、心理疏导等）	0.308	**0.687**
Q13-4 不采用健康安全工作方式或违规操作，会受到批评甚至惩罚	0.246	**0.658**

6. 参照群体影响的因子分析

参照群体影响量表初始题项 6 题。经信度分析后删掉一题，因子分析时为 5 题项。通过因子分析，采用主成分分析法、提取标准为特征值大于 1，利用最大方差法作正交旋转。总方差解释率见表 5-21。结果显示共提取到 2 个共同因子，2 个因子的方差解释量为 81.248%，因子的特征值最小为 1.270，大于 1（见表 5-21），每个题项在对应因子上的载荷最小为 0.839，大于 0.5（见表 5-22）。根据对应的题项内容分别命名为规范影响和信息影响。

表 5 – 21　参照群体因子分析结果

成分	初始特征值			提取平方和载入			旋转平方和载入		
	合计	方差的%	累积%	合计	方差的%	累积%	合计	方差的%	累积%
1	2.792	55.838	55.838	2.792	55.838	55.838	2.216	44.316	44.316
2	1.270	25.410	81.248	1.270	25.410	81.248	1.847	36.931	81.248

表 5 – 22　参照群体旋转成分矩阵

测量题项	成分	
	1	2
Q14 – 3 我的工作方式会受到组织中权威人士行为偏好的影响	0.854	0.205
Q14 – 2 为了同事关系融洽，我的工作方式会受到他们偏好的影响	0.849	0.155
Q14 – 4 重要他人对我的期望会影响我的工作方式选择	0.839	0.160
Q14 – 5 我会从同事那里寻求工作方式的信息	0.192	0.942
Q14 – 6 我会从领导那里寻求工作方式的信息	0.192	0.938

7. 个体规范的因子分析

本书使用 6 个题项对个体规范进行因子分析。采用主成分分析法、提取标准为特征值大于 1，利用最大方差法作正交旋转。总方差解释率见表 5 – 23，结果显示共提取到 1 个共同因素，每个题项在因子上的载荷最小值为 0.757，大于 0.5，特征值为 4.037，大于 1；方差解释量为 67.289%（见表 5 – 23），证明量表的结构效度较好。

表 5 – 23　个体规范的因子分析结果

测量题项	因子载荷	特征值	解释方差%	累积解释方差%
Q15 – 5	0.881	4.037	67.289	67.289
Q15 – 6	0.857			
Q15 – 4	0.854			
Q15 – 2	0.788			
Q15 – 1	0.775			
Q15 – 3	0.757			

8. 行为结果感知的因子分析

经过信度分析后，本书用 6 个题项对行为结果感知进行测量。通过因子分析，采用主成分分析法、提取标准为特征值大于 1，利用最大方差法作正交旋转。所得到的总方差解释率见表 5 – 24。结果显示共提取到 1 个共同因子且每个题项在因子上的载荷最小为 0.817，大于 0.5；特征值为 4.343，大于 1；方差解释量为 72.384%，证明量表的结构效度较好。

表 5 – 24　行为结果感知的因子分析结果

测量题项	因子载荷	特征值	解释方差%	累积解释方差%
Q16 – 6	0.871	4.343	72.384	72.384
Q16 – 3	0.862			
Q16 – 5	0.858			
Q16 – 4	0.857			
Q16 – 7	0.839			
Q16 – 2	0.817			

9. 绿色经历的因子分析

本书使用 4 个题项对员工的绿色经历进行测量。通过因子分析，采用主成分分析法、提取标准为特征值大于 1，利用最大方差法作正交旋转。总方差解释率见表 5 – 25，结果显示共提取到 1 个共同因素，每个题项在因子上的载荷最小为 0.681，大于 0.5；特征值为 2.227，大于 1；方差解释量为 55.677%（见表 5 – 25），证明量表的结构效度较好。

表 5 – 25　绿色经历的因子分析结果

测量题项	因子载荷	特征值	解释方差%	累积解释方差%
Q17 – 3	0.804	2.227	55.677	55.677
Q17 – 1	0.792			
Q17 – 2	0.696			
Q17 – 4	0.681			

10. 习惯便利偏好的因子分析

本书初始量表中使用4个题项对习惯便利偏好进行测量。通过因子分析，采用主成分分析法、提取标准为特征值大于1，利用最大方差法作正交旋转。总方差解释率见表5-26，4个题项聚合为一个因子，每个题项在因子上的载荷最小为0.823，大于0.5；特征值为2.993，大于1；方差解释量为74.833%（见表5-26），证明量表的结构效度较好。

表5-26　习惯便利偏好的因子分析结果

测量题项	因子载荷	特征值	解释方差%	累积解释方差%
Q18-1	0.901			
Q18-2	0.893	2.993	74.833	74.833
Q18-3	0.841			
Q18-4	0.823			

（三）初始量表的修正

通过数理统计分析方法对初始问卷收集到的数据进行分析，主要是对量表质量进行分析，目的是检验量表的可用性。首先，通过各个分量表的 Cronbach's Alpha 值以及题项与整体的相关性指标，从内部一致性方面分析量表的信度，删除行为意向量表2题（Q10-7 和 Q10-8）；删除参照群体量表1题（Q14-1）；删除行为结果感知量表1题（Q16-1）。其次，通过对各量表的探索性因子分析并结合验证因子分析的结果，认为：绿色风气、绿色经历、个体规范、行为意向、习惯便利偏好、结果感知均为单一维度变量；绿色感知为3维度变量、行为响应为2维度变量、组织促进为2维度变量、参照群体为2维度变量。总之，通过对初始量表数据的分析，对量表进行了修正，也实现了各量表构成维度的检验，形成正式问卷。

第二节　正式调研

通过前期预调研阶段对问卷数据的信度和效度分析并据此对初始量表进行修正后，确定了本书所用的正式问卷，进一步则是使用修正后的问卷收集数据。本节及后续的主要内容是采用修正后形成的正式问卷进行数据采集，对正式调查后所获得的问卷数据进行分析以验证前文所提出的理论假设。主要使用 SPSS 22.0

和 AMOS 24.0 分析软件，检验数据的信度和效度，利用回归方法分析工作绿色化中各因素的关系，并利用结构方程模型对理论假设进行检验。

一、正式调研中数据的收集过程

第一，数据收集方式。由于现在网络的利用程度比较广泛且个体对于网络使用的熟练度较高，同时利用网络也可以使调查研究更加便利。因此，本书的正式调查问卷主要通过网络进行发放，一方面时效性比较强，另一方面环保性和便捷性得以保障，符合本书中关于环保研究的主题。在主要借助网络发放的同时，本书也针对访谈时涉及的部分案例企业进行现场纸质发放，当场对问卷进行回收。

第二，数据收集范围。问卷的发放范围涉及全国各省份，涵盖的主要地点包括北京、山西、山东、广东、上海、天津、江苏、河北、辽宁、云南、浙江、湖南等地。

第三，数据收集期限及有效率。问卷的发放始于 2020 年 11 月 15 日，2020 年 12 月 30 日结束，问卷共回收 941 份。由于多数问卷通过网络提交，题项设置为必选题，可提醒作答者对漏掉的题目进行补填；现场回收问卷由于现场进行指导，回收率较高。因此，总体而言在回收的问卷中，缺项卷较少。通过对回收问卷的一一筛选，一是删除大部分回答完全相同的问卷；二是删除存在大部分规律性作答的问卷。最终用于正式数据分析的有效问卷 879 份，有效问卷率为 93.4%。

二、样本描述性特征

本书对回收的有效样本进行描述性特征分析，具体见表 5-27。从表 5-27 可以看出，本书回收的样本数据在性别的分布上相对均衡，男性占比 46%，女性占比 54%；从年龄上来看，本书针对的是企业员工，因此年龄设置上最低为 18 岁，有 74% 的调查对象集中在 18~34 岁，被调查者年龄相对较年轻，也是企业工作的中坚力量，具有较强的代表性；学历分布方面，数据显示主要是集中在本科学历，本科及以上学历占比达到 85%，此结果与中国目前普遍受教育程度较高以及国家普通高校扩大招生规模的事实相符，本科学历也保证了量表中所涉及的题项能被调查对象较为准确的理解；从职位分布来说，有 66% 的调查对象是基层员工，基层员工对实际工作情境有更深的体会和感触，因此也能更好地反映本书的研究主题；在单位性质分布上，有 34% 的调查对象是私营企业，私营企业作为中国经济发展主要的动力源，民营经济的高质量发展屡次受到党中央国务院的重视，因此民营经济及民营企业员工的认知理应成为展现当期中国员工认知的重要群体之一；在居住现状中，有62%是与父母、伴侣或两者居住；有无未成年人中，数据相对均衡；从工作年限上来看，被调查者集中在5年以下，占比67%。总体而言，此次调查所获得的样本具有年轻化、高学历、一线员工占多数等特征，数据分布相对较为均衡，也与实际总体较为相符。

表5－27　被调查者基本信息

特征	对应题项	人数	所占比例（％）	特征	对应题项	人数	所占比例（％）
性别	男	403	46	年龄	18～24 岁	226	26
	女	476	54		25～29 岁	288	33
单位性质	国有	260	30		30～34 岁	134	15
	集体所有	39	4		35～39 岁	96	10
	股份合作	40	5		40～44 岁	49	6
	有限责任	146	17		45～49 岁	43	5
	股份有限	63	7		50 岁以上	43	5
	私营	299	34	学历	高中及以下	36	4
	港澳台商	10	1		大专	98	11
	外商	22	2		本科	499	57
职位层级	基层员工	582	66		硕士及以上	246	28
	基层管理者	152	17	居住状况	父母同住	147	17
	中层管理者	61	7		伴侣同住	318	36
	高层管理者	84	10		父母伴侣同住	83	9
工作年限	<1 年	202	23		朋友	116	13
	1～3 年	308	35		独居	215	25
	3～5 年	83	9	有无未成年	有	377	43
	5～10 年	137	16		无	502	57
	10～15 年	53	6				
	15 年以上	96	11				

三、共同方法偏差检验

在本书数据的获取过程中，采用同样的评分者或被调查者，所有问题都由同一被试者填写。采用自我报告的形式来测量相关问题，所有问题的数据属于同一来源，因此有可能存在共同方法偏差。为了控制这一偏差，在本书数据的调查过程中，采用匿名测评的形式，并明确告知被调查者本次调查仅用于学术研究；同时由于调查对象是企业员工的数据，为了避免工作环境带来的测量环境偏差，本书在调查过程中尽可能地邀请被调查者在周末或下班时间进行填写，以此方法尽可能地从程序上控制共同方法偏差。虽然程序控制能够在一定程度上降低共同方法偏差对研究的影响，但是却无法消除共同方法偏差。而且在数据调研中，控制共同方法偏差较为复杂，实际控制程度难以提前预知。

在统计控制上，数据收集完成后，本书对收集的数据进行统计检验，以检验结果来判别后续分析所采用的数据是否存在严重的共同方法偏差。本书采用多数学者使用的 Harman 单因素检验方法进行检验。首先运用 SPSS 软件将所有的测量题项全部放在一起进行探索性因子分析，其次检验未旋转的因素分析结果。本书解释的总方差结果显示，提取第一公因子的方差解释百分比为 29.23%，小于40% 的判别标准（周浩和龙立荣，2017）。因此，从此判别指标值上可以认为，本书所使用的数据不存在严重的共同方法偏差，对研究的影响有限。

第三节　信度和效度检验

本书所使用的量表，一方面参考了已经使用的相关成熟量表，另一方面针对量表修改和自行设计问题，本书通过反复推敲和小规模测试和修改，保证量表的内容效度。建构效度由于有理论的逻辑分析为基础，同时又根据实际所得的资料来检验理论的正确性，因此是一种相对严谨的效度检验方法（王保进，2002）。本书的正式调查问卷是基于前期预测试结果检验和修正后形成的，在此基础上进行的数据收集。但是，问卷调查的数据具有较强的主观性，不同时间段、不同人员所填写的问卷数据可能会存在差异。因此，为了保证数据的适用性，正式调查完成后，本书再次对所获得的样本数据进行量表的检验来判断所获得数据的代表性。鉴于本书涉及的变量以及题项较多，本节分三个部分对正式量表的信度和效度进行检验，分别是绿色感知及其前因变量、主路径变量和调节变量的信度和效度检验，主要采用 Cronbach's α、CR（Composite Reliability）、AVE（Average Variance Extracted）、AVE 平方根等指标来进行检验，理论上对以上指标的理想评价标准见表 5 - 28，本书将基本参照表 5 - 28 对量表检验结果进行判断。

表 5 - 28　信度和效度检验指标

类别	名称	理想标准
信度指标	Cronbach's α 系数	α≥0.7
	因子载荷量 λ	λ≥0.7
	组合信度（CR）	CR≥0.6
效度指标	平均方差抽取量（AVE）收敛效度	AVE≥0.5
	平均方差抽取量（AVE）的平方根，判别效度	AVE 平方根 > 相关系数

一、绿色感知及其前因变量的信度效度检验

表 5 - 29 中呈现的是绿色风气、组织绿色促进、个体绿色经历以及绿色感知的正式量表的信度和效度的结果。由于组织绿色促进、绿色感知所包含的题项较多，从前期探索性因子分析结果来看，其包含多个因子。因此，本节分析中将这两个变量按照探索性因子分析的结果对题项进行了打包处理，按照维度打包成多个指标进行分析。从表 5 - 29 中可见，大部分量表的 Cronbach's α 值都在大于 0.7，所有题项的题总相关都高于 0.4，任何一个量表中每个题项的项已删除的 Cronbach's α 值都未大于该量表的 Cronbach's α 值；因子载荷值大部分大于理想值 0.7，一部分较小但都大于 0.6，接近 0.7，潜变量对应题项的标准化因子载荷在 0.5 以上，CR 值大于 0.6，符合指标要求。因此，从以上指标来看，绿色风气、组织绿色促进、个体绿色经历以及绿色感知的信度较好，内部一致性较强，稳定性较好。总体来说，正式量表具有较好的内部一致性和稳定性，量表可以接受。

表 5 - 29　绿色感知及前因变量的信度和效度值

变量名称	测量题项	题总相关	项已删除的 Cronbach's α 值	Cronbach's α	因子载荷 λ	CR	AVE
绿色风气	Q12 - 1	0.777	0.900	0.917	0.830	0.917	0.650
	Q12 - 2	0.823	0.894		0.881		
	Q12 - 3	0.814	0.895		0.862		
	Q12 - 4	0.706	0.911		0.750		
	Q12 - 5	0.754	0.903		0.770		
	Q12 - 6	0.718	0.908		0.734		

续表

变量名称	测量题项	题总相关	项已删除的 Cronbach's α 值	Cronbach's α	因子载荷 λ	CR	AVE
组织促进	Q13 - 1	0.742	0.967		0.886		
	Q13 - 2	0.753	0.967				
	Q13 - 3	0.800	0.966				
	Q13 - 4	0.708	0.968				
	Q13 - 5	0.763	0.967				
	Q13 - 6	0.822	0.966				
	Q13 - 7	0.808	0.966				
	Q13 - 8	0.758	0.967				
	Q13 - 9	0.687	0.968	0.969	0.897	0.886	0.794
	Q13 - 10	0.799	0.967				
	Q13 - 11	0.804	0.966				
	Q13 - 12	0.843	0.966				
	Q13 - 13	0.744	0.967				
	Q13 - 14	0.821	0.966				
	Q13 - 15	0.834	0.966				
	Q13 - 16	0.802	0.966				
	Q13 - 17	0.809	0.966				
	Q13 - 18	0.787	0.967				
绿色经历	Q17 - 1	0.558	0.669		0.698		
	Q17 - 2	0.541	0.680	0.742	0.617	0.766	0.451
	Q17 - 3	0.532	0.685		0.676		
	Q17 - 4	0.515	0.697		0.692		
绿色感知	Q9 - 1	0.620	0.904				
	Q9 - 2	0.587	0.905				
	Q9 - 3	0.618	0.904				
	Q9 - 4	0.673	0.903	0.910	0.605	0.741	0.490
	Q9 - 5	0.596	0.905				
	Q9 - 6	0.548	0.906				
	Q9 - 7	0.606	0.905				
	Q9 - 8	0.433	0.910				

变量名称	测量题项	题总相关	项已删除的Cronbach's α 值	Cronbach's α	因子载荷 λ	CR	AVE
绿色感知	Q9 – 9	0.624	0.904	0.910	0.742	0.741	0.490
	Q9 – 10	0.484	0.909				
	Q9 – 11	0.558	0.906				
	Q9 – 12	0.517	0.907				
	Q9 – 13	0.664	0.903				
	Q9 – 14	0.634	0.904				
	Q9 – 15	0.594	0.905		0.744		
	Q9 – 16	0.610	0.905				
	Q9 – 17	0.549	0.906				
	Q9 – 18	0.511	0.908				

　　同时，此表还显示了对绿色风气、组织促进、绿色经历以及绿色感知的效度分析，结果显示，AVE 值分别为 0.650、0.794、0.451、0.490，绿色风气、组织促进的 AVE 大于 0.5，收敛效度较好；绿色经历、绿色感知的 AVE 接近 0.5，收敛效度可接受；四个变量量表的判别效度见表 5 – 30，根据 Fornell – Lacker 对判别效度检验的标准，认为一个潜变量解释自身指标的程度应好于其他潜变量，比较平均抽取方差抽取量（AVE）平方根与潜变量之间相关系数的大小即可来检验判别效度。因此，如果判别效度好，那么每一个潜变量的平均方差抽取量的平方根应该大于与其他变量的相关系数（Ab Hamid et al.，2017）。表 5 – 30 的数据显示，每个潜在变量的平均方差抽取量的平方根（粗体表示）均大于该变量所在的对应列和行的相关系数（后文相同）。具体而言，绿色风气的 AVE 平方根为 0.807，大于与其同行同列的相关系数 0.372、0.307、0.581，表明绿色风气判别效度较好；组织绿色促进 AVE 平方为 0.891，大于与其同行同列的相关系数 0.372、0.322、0.455，表明组织绿色促进的判别效度较好；个体绿色经历的 AVE 平方根为 0.672，大于与其同行同列的相关系数 0.307、0.322、0.503，表明个体绿色经历的判别效度较好；绿色感知的 AVE 平方根为 0.700，大于与其同行同列的相关系数 0.581、0.455、0.503，表明绿色感知的判别效度较好。各个变量能够很好地区别开来，在一定程度上也再次表明本书的研究所用数据不存在严重的共同方法问题。

表5-30 绿色感知及前因变量的判别效度

变量	绿色风气	组织促进	绿色经历	绿色感知
绿色风气	**0.807**			
组织促进	0.372	**0.891**		
绿色经历	0.307	0.322	**0.672**	
绿色感知	0.581	0.455	0.503	**0.700**

总之,从表5-29和表5-30中数据可见,正式量表中绿色风气、组织绿色促进、个体绿色经历、绿色感知量表的信度和效度较好,基本能满足分析的需要。

二、个体规范、行为意向以及行为响应的信度效度检验

本小节对研究模型的主路径变量量表进行信度和效度检验,检验结果见表5-31。行为响应变量由两个因子构成,在计算因子载荷时根据因子对应的题项进行打包处理。由表5-31可见,个体规范、行为意向和行为响应的Cronbach's α值均大于0.7,各量表所对应的项已删除Cronbach's α值未出现高于量表Cronbach's α值的情形,题总相关系数大于0.4,因子载荷除少数题项外均大于0.7,但均大于0.5;CR值均大于0.6。这表明个体规范、行为意向、行为响应的量表信度较好,量表稳定性和内部一致性较高。

表5-31 个体规范、行为意向、行为响应的信度和效度值

变量名称	测量题项	题总相关	项已删除的Cronbach's α值	Cronbach's α	因子载荷 λ	CR	AVE
个体规范	Q15-1	0.674	0.912		0.671		
	Q15-2	0.766	0.900		0.797		
	Q15-3	0.647	0.916	0.916	0.661	0.905	0.617
	Q15-4	0.811	0.893		0.861		
	Q15-5	0.837	0.890		0.890		
	Q15-6	0.840	0.889		0.805		
行为意向	Q10-1	0.669	0.892		0.703		
	Q10-2	0.750	0.881		0.806		
	Q10-3	0.800	0.873	0.901	0.779	0.889	0.573
	Q10-4	0.660	0.894		0.688		
	Q10-5	0.752	0.880		0.801		
	Q10-6	0.753	0.880		0.758		

变量名称	测量题项	题总相关	项已删除的 Cronbach's α 值	Cronbach's α	因子载荷 λ	CR	AVE
行为响应	Q11 – 1	0.573	0.779	0.808	0.824	0.733	0.580
	Q11 – 2	0.642	0.761				
	Q11 – 3	0.631	0.764				
	Q11 – 4	0.437	0.808				
	Q11 – 5	0.632	0.763		0.694		
	Q11 – 6	0.504	0.793				

个体规范、行为意向、行为响应的 AVE 值分别为 0.617、0.573、0.580，均大于理想标准的 0.5，表明三个量表的收敛效度较好；个体规范的 AVE 平方根为 0.786，大于与其同行同列的相关系数 0.582、0.649，表明个体规范量表的判别效度较好；行为意向的 AVE 平方根为 0.757，大于与其同行同列的相关系数 0.582、0.721，表明行为意向量表的判别效度较好；行为响应的 AVE 平方根为 0.762，大于与其同行同列的相关系数 0.649、0.721，表明行为响应量表的判别效度较好（见表 5 – 32）。

表 5 – 32　个体规范、行为意向、行为响应的判别效度

变量	个体规范	行为意向	行为响应
个体规范	**0.786**		
行为意向	0.582	**0.757**	
行为响应	0.649	0.721	**0.762**

总之，个体规范、行为意向以及行为响应量表具有良好的信度和效度。

三、习惯便利偏好、行为结果及参照群体的信度效度检验

本书假设中起调节作用的变量主要包含三个，分别是习惯便利偏好、行为结果感知、参照群体影响，表 5 – 33 和表 5 – 34 为三个变量的信度和效度检验结果。从表 5 – 33 中可见，三个变量的对应量表 Cronbach's α 值均大于 0.7，同时对应的题总相关系数均大于 0.4；项已删除的 Cronbach's α 值未出现高于量表本身 Cronbach's α 值的情形；因子载荷大部分大于理想值 0.7，部分大于 0.6，接

近 0.7；CR 值分别为 0.855、0.935、0.703，均大于 0.6；表明三个变量的量表信度较好，量表稳定性和内部一致性较强。

表 5-33 习惯便利偏好、行为结果感知和参照群体影响的信度和效度值

变量名称	测量题项	题总相关	项已删除的Cronbach's α 值	Cronbach's α	因子载荷 λ	CR	AVE
习惯便利偏好	Q18-1	0.669	0.844		0.750		
	Q18-2	0.766	0.804	0.864	0.760	0.855	0.597
	Q18-3	0.690	0.836		0.835		
	Q18-4	0.730	0.820		0.742		
行为结果感知	Q16-2	0.750	0.944		0.722		
	Q16-3	0.838	0.934		0.838		
	Q16-4	0.838	0.934	0.945	0.793	0.935	0.707
	Q16-5	0.882	0.929		0.928		
	Q16-6	0.852	0.932		0.904		
	Q16-7	0.834	0.934		0.842		
参照群体	Q14-2	0.609	0.810				
	Q14-3	0.669	0.795		0.818		
	Q14-4	0.682	0.796	0.835		0.703	0.546
	Q14-5	0.642	0.800				
	Q14-6	0.633	0.808		0.650		

表 5-34 习惯便利偏好、行为结果感知和参照群体影响的判别效度

	习惯便利偏好	行为结果感知	参照群体
习惯便利偏好	**0.773**		
行为结果感知	0.205	**0.841**	
参照群体	0.574	0.308	**0.738**

习惯便利偏好、行为结果感知和参照群体影响三变量的平均方差提取量 AVE 的值分别为 0.597、0.707、0.546，均大于理想标准 0.5，表明三个量表的收敛效度较好；习惯便利偏好的 AVE 平方根为 0.773，大于与其同行同列变量的相关系数 0.205、0.574，表明习惯便利偏好量表的判别效度较好；行为结果感知的 AVE 平方根为 0.841，大于与其同行同列变量的相关系数 0.205、0.308，表明行

为结果感知量表的判别效度较好；参照群体影响的 AVE 平方根为 0.738，大于与其同行同列的相关系数 0.574、0.308，表明参照群体影响量表的判别效度较好（见表 5-34）。

上文中出于表述方便的原因，根据变量在模型中的所处位置分类进行了信效度检验。但在判别效度的检验时，由于存在变量间的相关性表述不完整，有可能使判别效度的判别结论不准确，因此以表 5-35 呈现所有变量的判别效度结果。如表 5-35 所示，各变量的 AVE 值的平方根均大于其同行同列中与其他变量的相关系数值，表明变量的判别效度较好。

表 5-35 变量的判别效度

	绿色风气	组织促进	绿色经历	绿色感知	行为意向	个体规范	行为响应	习惯便利偏好	参照群体	行为结果感知
绿色风气	**0.807**									
组织促进	0.372	**0.891**								
绿色经历	0.307	0.322	**0.672**							
绿色感知	0.581	0.455	0.503	**0.700**						
行为意向	0.422	0.452	0.302	0.680	**0.757**					
个体规范	0.600	0.490	0.319	0.542	0.582	**0.786**				
行为响应	0.472	0.612	0.332	0.647	0.721	0.649	**0.762**			
习惯便利偏好	0.354	0.213	0.192	0.254	0.106	0.392	0.303	**0.773**		
参照群体	0.389	0.210	0.153	0.210	0.146	0.390	0.304	0.574	**0.738**	
行为结果感知	0.478	0.302	0.226	0.462	0.502	0.503	0.377	0.205	0.308	**0.841**

第四节 本章小结

本章主要对研究中使用的量表进行了设定、修正和检验。首先对所建立的量表进行了预调研，预调研完成后对预调研的问卷数据进行了效度和信度分析，根据分析的结果对初始量表进行了修正；接下来对修正后量表进行了大范围的正式调研，对取得的正式调研数据进行描述性统计分析和信度与效度分析，结果表明正式问卷所得数据从样本量和信度、效度方面都基本满足本书后续的分析需要。通过调研过程的控制和统计检验，表明本书所使用的正式分析数据不存在严重的共同方法偏差问题。

第六章　工作绿色化的作用机制分析

本章拟从绿色感知和行为响应视角对工作绿色化的作用机制进行统计数理分析，以期通过实证分析，系统检验员工工作绿色化的机制，揭示绿色感知与行为响应的作用过程。本章主要通过对变量的描述性分析、相关分析、中介效应和调节效应的检验对前文所提出的理论假设进行验证，在此过程中也针对人口统计变量对绿色感知和行为响应的影响进行了分析。

第一节　变量描述性统计分析

根据前文中绿色感知和行为响应路径中各变量的作用差异，本节首先对绿色感知和行为响应模型中各因素进行描述性分析，其次对影响绿色感知的因素以及调节变量进行描述性分析。

一、主路径变量的描述性统计分析

关于绿色感知，本书用三个指标对绿色感知进行测量，即通过绿色观念、绿色察觉、绿色可行性三个方面对绿色感知进行测量。题项 Q9-1~Q9-7 测量绿色观念；题项 Q9-8~Q9-12 测量绿色察觉；题项 Q9-13~Q9-18 测量绿色可行性。员工绿色感知的总体水平相对较高，均值 4.164。根据问卷收集到的数据，如表 6-1 所示，绿色观念、绿色察觉、绿色可行性的均值大小分别是 4.484、3.801、4.092，表明整体被调查者的绿色感知水平较高，整体的认识较深入。

表 6-1　绿色感知得分统计

变量	题项	样本量	均值	标准差
绿色观念	Q9-1~Q9-7	879	4.484	0.629
绿色察觉	Q9-8~Q9-12	879	3.801	0.697
绿色可行性	Q9-13~Q9-18	879	4.092	0.678

绿色行为响应均值为3.825，自我约束行为和干预他人行为两个维度的均值见表6-2。从绿色感知和绿色行为响应均值的对比来看，感知和行为可能存在差异。究其原因，本书认为是因为个体的感知与具体行为实施过程中受到多重因素的影响，使员工的感知与行为存在一定的差异性，差异的原因将在后续章节进行分析，同时也表明本书对该路径的研究具有必要性。

表6-2　绿色行为响应得分统计

变量	题项	样本量	均值	标准差
自我约束行为	Q11-1~Q11-4	879	3.876	0.678
干预他人行为	Q11-5~Q11-6	879	3.721	0.806

在绿色行为意向和绿色行为方面，单就数值而言，绿色行为意向的均值远远大于绿色行为响应，表明在行为意向和实际行为的过程中，意向并不能完全转化为实际行动。再者，从绿色行为的内部构成维度来说，自我约束的绿色行为均值稍微高于干预他人行为的均值。说明在员工绿色行为响应方面，具有自我规范和管理特点的自我约束的行为更容易实现，而当涉及他人时，现代人的"事不关己"意识可能阻碍个体对于他人行为的规劝和干涉。个体规范均值为3.283，在李克特5级量表中，处于平均水平，表明在绿色行为的实践过程中，个体规范程度适中（见表6-3）。

表6-3　行为意向与个体规范得分统计

变量	题项	样本量	均值	标准差
行为意向	Q10-1~Q10-6	879	4.201	0.623
个体规范	Q15-1~Q15-6	879	3.283	0.594

二、影响因素变量的描述性统计分析

（一）绿色感知前因变量的描述性统计分析

绿色风气的均值为3.893，通过表6-4的数据可知，绿色风气因其更接近员工个体生活而被员工所熟知。组织促进的平均得分为3.406，表明被调查对象认为所在单位相对重视绿色问题，即大部分企业都重视企业内的环保和健康问题。本书将个体经历分为正面和反面两个方面，个体经历的总体均值为2.645，说明被调查者对环保和健康经历的印象并不突出，但标准差的值达到1.367，表明绿色经历的内部变动比较大。

表 6-4　感知前因变量的描述性统计分析结果

变量	题项	均值	标准差
绿色风气	Q12-1~Q12-6	3.893	0.717
组织促进	Q13-1~Q13-18	3.406	0.866
绿色经历	Q17-1~Q17-4	2.645	1.367

（二）调节变量描述性统计分析

习惯便利偏好用题项 Q18-1~Q18-4 进行测量，根据样本的描述统计分析结果可知（见表 6-5），习惯便利偏好平均得分为 3.716，表明员工在工作过程中不太愿意改变现有的工作方式或者更偏向于便利性，增加工作复杂性可能会引起员工个体的反对。参照群体影响用题项 Q14-2~Q14-6 来测量，测量得分见表 6-5，被调查者认为自身的行为受到他人的影响较大。行为结果感知用题项 Q16-2~Q16-7 来测量，根据样本的描述性统计分析结果，行为结果感知的平均得分为 4.264，表明绿色工作预期的结果受到被调查者的重视。

表 6-5　行为结果感知描述性统计分析结果

变量	题项	均值	标准差
习惯便利偏好	Q18-1~Q18-4	3.716	0.758
参照群体影响	Q14-2~Q14-6	3.536	0.795
行为结果感知	Q16-2~Q16-7	4.264	0.698

第二节　人口统计学变量的影响分析

一、人口统计学变量的影响

（一）性别对绿色感知、行为响应的影响

性别属性是类别变量，绿色感知、绿色行为响应为连续变量，性别分为两组，且性别之间相互独立，即不存在相互干扰。通过样本筛选，发现变量不存在异常值。本书采用独立样本 T 检验来判断以上变量是否存在差异。

通过描述性统计分析（见表 6 - 6），男性样本量为 403 人，女性样本量为 476 人，男性绿色感知均值为 3.888，女性绿色感知均值为 4.398。均值差值为 - 0.510，Levene 检验显示 F = 23.161，p < 0.05，说明两组数据方差非齐性，进一步查看 t 值，t = - 15.058，p < 0.05，95% 的置信区间为 - 0.575 ~ - 0.443，说明男性和女性绿色感知在统计学上存在差异，女性高于男性（见表 6 - 7）。

表 6 - 6　不同性别的绿色感知与行为响应描述性统计

	性别	N	均值	标准差	均值的标准误
绿色感知	男	403	3.888	0.597	0.030
	女	476	4.398	0.351	0.016
行为响应	男	403	3.657	0.643	0.032
	女	476	3.967	0.613	0.028

表 6 - 7　绿色感知、行为响应的独立样本 T 检验

		方差方程的 Levene 检验		均值方程的 t 检验					差分的 95% 置信区间	
		F	Sig.	t	df	Sig.（双侧）	均值差值	标准误差值	下限	上限
绿色感知	假设方差相等	23.161	0.000	- 15.678	877	0.000	- 0.510	0.033	- 0.573	- 0.445
	假设方差不相等			- 15.058	626.902	0.000	- 0.510	0.034	- 0.575	- 0.443
行为响应	假设方差相等	0.053	0.817	- 7.306	877	0.000	- 0.310	0.042	- 0.393	- 0.227
	假设方差不相等			- 7.277	838.340	0.000	- 0.310	0.043	- 0.394	- 0.226

接下来进一步分析绿色行为响应在性别上是否存在差异。如表 6 - 6 所示，男性绿色行为均值为 3.657，女性绿色行为均值为 3.967。Levene 检验显示 F = 0.053，p = 0.817，大于 0.05，方差齐性，t = - 7.306，p < 0.001，差值为 - 0.310，95% 的置信区间为 - 0.393 ~ - 0.227，表明男性和女性的绿色行为在统计学上存在统计学差异，男性低于女性（见表 6 - 7）。

（二）年龄对绿色感知、行为响应的影响

在前期的访谈中，受访者认为年龄越大者，由于自身身体机能的下降，对身体的健康安全比较关注。同时由于出生年代的差异，年长者更深切地体会到现在环境污染和资源浪费的严重性。也有受访者认为年轻一代，由于对网络的熟练掌

握，各种信息的获取比较快捷且对信息内容比较敏感，因此对危害身体健康以及造成环境污染的情形难以容忍。究竟年龄对包含环境和健康的绿色感知以及绿色行为是否存在差异，本小节采用单因素方差分析的方法对此问题进行研究。

绿色感知及绿色行为响应为连续变量，年龄为包含 7 个分类且相互独立的变量，经箱线图判断数据没有明显异常值。通过单因素方差分析得到如下结果。如表 6 - 8 所示，7 个年龄段的绿色感知均值集中在 4 分，差异不大，Levene 统计量为 2.477，p = 0.022，小于 0.05，不满足方差齐性的假设，表示各组方差不相等（见表 6 - 9）。在不满足方差齐性假设即存在异方差时，采用 Welch 方差分析（蒋翠珍等，2018）。结果显示，Welch F = 2.415，p = 0.028 < 0.05。进一步采用 Games - Howell 检验查看两两比较结果。结果显示，绿色感知仅在 40 ~ 44 岁和 50 岁以上两个组别间存在边缘显著性 p = 0.050（95% CI：0.000 ~ 0.395），其他组别的绿色感知比较均不存在显著差异。

表 6 - 8　不同年龄的绿色感知与行为响应描述性统计

变量及分类		N	均值	标准差	标准误	均值的 95% 置信区间		极小值	极大值
						上限	下限		
绿色感知	18 ~ 24 岁	226	4.110	0.588	0.039	4.033	4.187	1.00	5.00
	25 ~ 29 岁	288	4.184	0.517	0.030	4.124	4.244	1.78	5.00
	30 ~ 34 岁	134	4.233	0.460	0.040	4.155	4.312	2.00	5.00
	35 ~ 39 岁	96	4.122	0.672	0.069	3.986	4.258	1.06	5.00
	40 ~ 44 岁	49	4.244	0.349	0.050	4.144	4.344	3.72	5.00
	45 ~ 49 岁	43	4.226	0.675	0.103	4.018	4.434	1.89	5.00
	50 岁以上	43	4.036	0.341	0.052	3.931	4.141	3.00	4.67
	总数	879	4.164	0.542	0.018	4.128	4.200	1.00	5.00
行为响应	18 ~ 24 岁	226	3.760	0.640	0.043	3.676	3.844	1.33	5.00
	25 ~ 29 岁	288	3.837	0.640	0.038	3.763	3.911	2.00	5.00
	30 ~ 34 岁	134	3.866	0.728	0.063	3.741	3.990	1.00	5.00
	35 ~ 39 岁	96	3.809	0.659	0.067	3.676	3.943	1.00	5.00
	40 ~ 44 岁	49	4.058	0.529	0.076	3.906	4.210	3.00	5.00
	45 ~ 49 岁	43	3.942	0.547	0.083	3.774	4.110	2.33	4.83
	50 岁以上	43	3.616	0.521	0.080	3.456	3.777	2.67	4.50
	总数	879	3.825	0.645	0.022	3.782	3.868	1.00	5.00

进一步分析年龄在绿色行为响应上的差异，同样采用单因素方差分析，得到绿色行为的描述性统计结果（见表 6-8）。绿色行为响应均值为介于 3.6~4.1，Levene 检验得出 $p=0.325$，方差齐性（见表 6-9）。ANOVA 中 $F=2.579$，$p=0.018$，小于 0.05，说明绿色行为在不同年龄段上（组间）的差异可能存在统计意义（见表 6-10）。在进行组间两两比较时，发现各组例数不相等，本书采用校正后的 Tukey-Kramer 检验，通过多重比较发现，仅在 40~44 岁组和 50 岁以上组间存在显著差异，差异值为 0.442（95% CI：0.453~0.838）。据此得出结论，分析表明不同年龄段间的绿色行为得分差异仅在个别组间存在统计学意义。

表 6-9　不同年龄段的方差齐性检验

检验方法	变量	统计量	df1	df2	显著性
Levene 检验	绿色感知	2.477	6	872	0.022
	行为响应	1.161	6	872	0.325
Welch 检验	绿色感知	2.415	6	208.929	0.028
	行为响应	3.491	6	206.429	0.003

表 6-10　绿色感知和行为响应在不同年龄段中的方差分析

		平方和	df	均方	F	显著性
绿色感知	组间	2.785	6	0.464	1.584	0.149
	组内	255.452	872	0.293		
	总数	258.237	878			
行为响应	组间	6.370	6	1.062	2.579	0.018
	组内	359.013	872	0.412		
	总数	365.383	878			

（三）学历对绿色感知、行为响应的影响

访谈中得知，员工的素质会影响个体的绿色感知。因此，本书以受教育水平即学历来衡量员工素质，用来分析绿色感知和绿色行为响应在不同的学历水平上是否存在差异。学历采用高中、大专、本科以及硕士及以上四个分类，绿色感知和绿色行为响应为连续变量。

分别对绿色感知和绿色行为进行单因素方差分析，所得结果如表 6-11 所示。从均值来看，高中及以下均值明显低于其他学历的绿色感知均值。Levene 检验结果显示（见表 6-12），$p<0.05$，不满足方差齐性的假设，必须使用校正的

因素方差分析。本书采用 Welch 方差分析，结果显示，Welch F = 42.852，p < 0.001，表示不同组间存在统计学差异。进一步进行组间两两比较时，本书采用 Games – Howell 检验。两两组合比较发现，高中及以下组与大专组、本科组、硕士及以上组的 p 值均小于 0.05，组间均数差值的 95% 置信区间范围不包含 0，所以差异有统计学意义。但在大专、本科和硕士以上学历的组间差异 p 值均大于 0.05，差异不具有统计学意义。结果表明，从高中及以下组到大专组，绿色感知得分增加 1.457（95% CI：1.070 ~ 1.845）；从高中及以下组到本科组，绿色感知得分增加 1.509（95% CI：1.142 ~ 1.876）；从高中组到硕士及以上组，绿色感知得分增加 1.576（95% CI：1.203 ~ 1.949），高中组与其他组别的比较差异具有统计学意义。

表 6 – 11　不同学历的绿色感知与行为响应描述性统计

变量及分类		N	均值	标准差	标准误	均值的 95% 置信区间		极小值	极大值
						下限	上限		
绿色感知	高中及以下	36	2.704	0.811	0.135	2.429	2.978	1.00	4.28
	大专	98	4.161	0.529	0.053	4.055	4.267	3.00	5.00
	本科	499	4.213	0.371	0.017	4.179	4.245	3.28	5.00
	硕士及以上	246	4.279	0.487	0.031	4.219	4.341	1.89	5.00
	总数	879	4.164	0.542	0.018	4.128	4.199	1.00	5.00
行为响应	高中及以下	36	3.060	1.011	0.169	2.718	3.402	1.00	5.00
	大专	98	3.983	0.616	0.062	3.859	4.106	2.50	5.00
	本科	499	3.816	0.590	0.026	3.765	3.868	2.00	5.00
	硕士及以上	246	3.892	0.624	0.040	3.813	3.969	2.33	5.00
	总数	879	3.825	0.645	0.022	3.782	3.868	1.00	5.00

表 6 – 12　不同学历的方差齐性检验

检验方法	变量	统计量	df1	df2	显著性
Levene 检验	绿色感知	18.802	3	875	0.000
	行为响应	6.964	3	875	0.000
Welch 检验	绿色感知	42.852	3	126.161	0.000
	行为响应	9.623	3	130.208	0.000

　　进一步对学历差异对绿色行为响应影响进行分析，描述性统计分析结果如表 6 – 11 所示。从均值来看，高中及以下均值明显低于其他学历的绿色行为均值。

Levene 检验结果显示（见表 6 - 12），p 值小于 0.05，不满足方差齐性的假设，使用校正的因素方差分析。本书采用 Welch 方差分析，结果显示，Welch F = 9.623，p < 0.001，表示不同组间存在统计学差异。在进行组间两两比较时，本书采用 Games – Howell 检验。两两组合比较发现，高中及以下组与大专组、本科组、硕士及以上组的 p 值均小于 0.05，组间均数差值的 95% 置信区间范围不包含 0，所以差异有统计学意义。但在大专、本科和硕士以上学历的组间差异 p 值均大于 0.05，差异不具有统计学意义。结果表明，从高中及以下组到大专组，绿色行为响应得分增加 0.923（95% CI：0.444 ~ 1.402）；从高中及以下组到本科组，绿色行为响应得分增加 0.756（95% CI：0.297 ~ 1.212）；从高中组到硕士及以上组，绿色行为响应得分增加 0.831（95% CI：0.367 ~ 1.296），高中组与其他组别的比较差异具有统计学意义。

（四）单位性质对绿色感知、行为响应的影响

表 6 - 13 中显示的是不同单位性质下绿色感知和绿色行为响应描述性统计分析结果。使用 Levene 检验得知（见表 6 - 14），p 值显示为 0.000 和 0.001，Levene 检验的差异具有统计学意义，不满足方差齐性。不满足方差齐性，使用校正的单因素方差分析。本书采用 Welch 方差分析，结果显示，在不同单位性质下，绿色感知差异具有统计学意义，Welch F = 6.949，p < 0.001；绿色行为响应差异具有统计学意义，Welch F = 2.796，p = 0.011 < 0.05。进一步对具有单位性质差异的绿色感知进行两两比较，采用 Games – Howell 检验，发现国有企业的员工绿色感知得分高于有限责任公司 0.174 分，p = 0.007，小于 0.05，差值的 95% 置信区间为 0.030 ~ 0.319，两组间差异具有统计学意义；国有企业性质的员工绿色感知高于私营企业 0.266 分，p = 0.000，小于 0.001，差值的 95% 置信区间为 0.142 ~ 0.390，两组间差异具有统计学意义。除此之外，其他具有单位性质差异的绿色感知均不具有统计学意义。

表 6 - 13　不同单位性质的绿色感知与行为描述性统计

变量及分类		N	均值	标准差	标准误	均值的 95% 置信区间		极小值	极大值
						下限	上限		
绿色感知	国有企业	260	4.317	0.368	0.023	4.271	4.361	3.61	5.00
	集体所有制企业	39	4.168	0.518	0.083	4.000	4.336	3.28	5.00
	股份合作企业	40	4.088	0.685	0.108	3.868	4.306	2.56	5.00
	有限责任公司	146	4.142	0.502	0.042	4.060	4.224	1.06	5.00

续表

变量及分类		N	均值	标准差	标准误	均值的95%置信区间		极小值	极大值
						下限	上限		
绿色感知	股份有限公司	63	4.257	0.496	0.063	4.131	4.381	2.67	5.00
	私营企业	299	4.050	0.583	0.034	3.984	4.116	1.78	5.00
	中国港、澳、台商投资企业	10	4.094	1.016	0.321	3.367	4.821	2.33	5.00
	外商投资企业	22	3.939	0.984	0.210	3.503	4.375	1.00	4.94
	总数	879	4.164	0.542	0.018	4.127	4.199	1.00	5.00
行为响应	国有企业	260	3.912	0.624	0.038	3.835	3.987	2.50	5.00
	集体所有制企业	39	3.778	0.826	0.132	3.510	4.045	2.33	5.00
	股份合作企业	40	3.783	0.439	0.069	3.643	3.923	2.33	4.83
	有限责任公司	146	3.775	0.610	0.050	3.675	3.875	1.00	5.00
	股份有限公司	63	3.847	0.607	0.076	3.693	3.999	2.50	5.00
	私营企业	299	3.784	0.656	0.037	3.709	3.858	1.00	5.00
	中国港、澳、台商投资企业	10	4.467	0.689	0.217	3.974	4.959	3.67	5.00
	外商投资企业	22	3.500	0.763	0.162	3.161	3.838	1.33	4.83
	总数	879	3.825	0.645	0.021	3.782	3.867	1.00	5.00

表 6 - 14 不同单位性质的方差齐性检验

检验方法	变量	统计量	df1	df2	显著性
Levene 检验	绿色感知	6.080	7	871	0.000
	行为响应	3.416	7	871	0.001
Welch 检验	绿色感知	6.949	7	91.848	0.000
	行为响应	2.796	7	94.099	0.011

对具有单位性质差异的绿色行为响应进行两两比较，采用 Games - Howell 检验，发现中国港、澳、台商投资企业比外商投资企业得分高 0.967 分，p = 0.035，小于 0.05，差值的 95% 置信区间为 0.468 ~ 1.887，其他组别间差异不具有统计学意义。

结果表明，从有限责任公司到国有企业，绿色感知得分增加 0.174（95% CI：0.030 ~ 0.319）；从私营企业到国有企业，绿色感知得分增加 0.266（95% CI：0.142 ~ 0.390）；中国港、澳、台商到外商投资企业，绿色行为得分增加

0.967（95% CI：0.468～1.887）。绿色感知和绿色行为响应的其他组别间不存在显著差异。

（五）职位层级对绿色感知、行为响应的影响

表6－15中显示的是在不同职位层级中，绿色感知和绿色行为响应的描述性统计分析结果。使用 Levene 检验得知（见表6－16），p 值显示为0.000和0.764，绿色感知的 Levene 检验的差异具有统计学意义，不满足方差齐性；绿色行为响应的 Levene 检验大于0.05，不能拒绝方差齐性的假设。绿色感知不满足方差齐性，使用校正的单因素方差分析。本书采用 Welch 方差分析，结果显示，不同职位层级下，绿色感知差异不具有统计学意义，Welch F = 1.160，p = 0.327 > 0.05；不同职位层级的绿色行为响应满足方差齐性，单因素方差分析结果显示组间差异的 p = 0.003，小于0.05，表示各组均数的差异具有统计学意义（见表6－17）。进一步两两比较得知，基层员工的绿色行为响应得分低于高层管理者0.199分，显著性为0.04，95% 置信区间为0.006～0.391。

表6－15　不同职位层级的绿色感知与行为响应描述性统计

变量及分类		N	均值	标准差	标准误	均值的95%置信区间		极小值	极大值
						下限	上限		
绿色感知	基层员工	582	4.181	0.496	0.020	4.141	4.221	1.00	5.00
	基层管理者	152	4.178	0.519	0.042	4.095	4.262	1.78	5.00
	中层管理者	61	4.031	0.666	0.085	3.861	4.202	1.89	5.00
	高层管理者	84	4.110	0.744	0.081	3.948	4.272	1.06	5.00
	总数	879	4.164	0.542	0.018	4.127	4.199	1.00	5.00
行为响应	基层员工	582	3.767	0.633	0.026	3.716	3.819	1.00	5.00
	基层管理者	152	3.914	0.655	0.053	3.809	4.019	2.00	5.00
	中层管理者	61	3.953	0.579	0.074	3.805	4.102	2.33	5.00
	高层管理者	84	3.966	0.709	0.077	3.812	4.120	1.00	5.00
	总数	879	3.825	0.645	0.021	3.782	3.867	1.00	5.00

表6－16　不同职位层级的方差齐性检验

检验方法	变量	统计量	df1	df2	显著性
Levene 检验	绿色感知	6.313	3	875	0.000
	行为响应	0.385	3	875	0.764
Welch 检验	绿色感知	1.160	3	162.163	0.327
	行为响应	4.602	3	172.174	0.004

表6-17　绿色感知和行为响应在不同职位层级中的方差分析

		平方和	df	均方	F	显著性
绿色感知	组间	1.516	3	0.505	1.723	0.161
	组内	256.721	875	0.293		
	总数	258.237	878			
行为响应	组间	5.809	3	1.936	4.712	0.003
	组内	359.575	875	0.411		
	总数	365.383	878			

（六）工作年限对绿色感知、行为响应的影响

表6-18中显示的是不同工作年限绿色感知和绿色行为响应描述性统计分析结果。使用 Levene 检验得知（见表6-19），p 值显示为 0.001 和 0.000，两者的 Levene 检验的差异具有统计学意义，不满足方差齐性；不满足方差齐性，使用校正的单因素方差分析。本书采用 Welch 方差分析，结果显示，不同的工作年限，绿色感知和绿色行为响应差异具有统计学意义。绿色感知 Welch $F = 5.031$，$p = 0.000 < 0.05$；绿色行为 Welch $F = 4.110$，$p = 0.001 < 0.05$。绿色感知和行为响应的组间差异检验具有显著差异性（见表6-20）。进一步采用 Games - Howell 检验两两比较，结果显示，工作年限小于 1 年的被调查者的绿色感知水平显著低于 5 ~ 10 年和 10 ~ 15 年，同时 1 ~ 3 年的也低于 10 ~ 15 年，而 10 ~ 15 年的高于 15 年以上，可以认为绿色感知的水平随着工作年限的增加而增加，而达到一定水平后，绿色感知水平不再增加，反而有下降的趋势。具体而言，1 年以下得分比 5 ~ 10 年得分低 0.172（95% CI：- 0.333 ~ - 0.010）；1 年以下得分比 10 ~ 15 年得分低 0.287（95% CI：- 0.485 ~ - 0.089）；1 ~ 3 年得分比 10 ~ 15 年得分低 0.215（95% CI：- 0.406 ~ - 0.025）；10 ~ 15 年得分比 15 年以上得分高 0.304（95% CI：0.062 ~ 0.546）。

表6-18　不同工作年限的绿色感知与行为响应描述性统计

变量及分类		N	均值	标准差	标准误	均值的95%置信区间		极小值	极大值
						下限	上限		
绿色感知	<1 年	202	4.095	0.484	0.034	4.027	4.162	2.06	5.00
	1 ~ 3 年	308	4.167	0.490	0.027	4.112	4.222	1.00	5.00
	3 ~ 5 年	83	4.107	0.794	0.087	3.934	4.281	1.06	5.00
	5 ~ 10 年	137	4.266	0.524	0.044	4.178	4.355	2.00	5.00

续表

变量及分类		N	均值	标准差	标准误	均值的95%置信区间		极小值	极大值
						下限	上限		
绿色感知	10~15 年	53	4.382	0.428	0.058	4.264	4.500	3.28	5.00
	15 年以上	96	4.078	0.584	0.059	3.959	4.196	1.89	5.00
	总数	879	4.164	0.542	0.018	4.127	4.199	1.00	5.00
行为响应	<1 年	202	3.752	0.526	0.037	3.679	3.825	1.83	5.00
	1~3 年	308	3.745	0.630	0.035	3.675	3.816	1.33	5.00
	3~5 年	83	3.865	0.873	0.095	3.674	4.056	1.00	5.00
	5~10 年	137	3.972	0.677	0.057	3.857	4.086	1.00	5.00
	10~15 年	53	4.037	0.682	0.093	3.849	4.225	2.33	5.00
	15 年以上	96	3.869	0.559	0.057	3.756	3.983	2.67	5.00
	总数	879	3.825	0.645	0.021	3.782	3.867	1.00	5.00

表 6 – 19 不同工作年限的方差齐性检验

检验方法	变量	统计量	df1	df2	显著性
Levene 检验	绿色感知	4.233	5	873	0.001
	行为响应	5.366	5	873	0.000
Welch 检验	绿色感知	5.031	5	256.795	0.000
	行为响应	4.110	5	524.634	0.001

表 6 – 20 绿色感知和行为响应在不同工作年限中的方差分析

		平方和	df	均方	F	显著性
绿色感知	组间	5.912	5	1.182	4.091	0.001
	组内	252.325	837	0.289		
	总数	258.237	878			
行为响应	组间	8.689	5	1.738	4.253	0.001
	组内	356.694	837	0.409		
	总数	365.383	878			

在绿色行为响应的两两比较中，1 年以下和 1~3 年的均值显著低于 5~10 年和 10~15 年，5~10 年和 10~15 年未见明显差异。具体而言，1 年以下与 1~3 年的员工在绿色行为响应方面未见显著差异；1 年以下得分比 5~10 年得分低

0.219（95% CI：－0.422～－0.018）；1 年以下得分比 10～15 年得分低 0.286（95% CI：－0.567～－0.004）；1～3 年得分比 5～10 年得分低 0.226（95% CI：－0.414～－0.039）；1～3 年得分比 10～15 年得分低 0.292（95% CI：－0.564～－0.021）；5～10 年、10～15 年、15 年以上的绿色行为无显著差异。因此，可以认为随着工作年限的增加，绿色行为响应水平在增加，但当到达一定年限后，绿色行为的水平不再增加，开始处于一种稳定的状态。

（七）未成年人状况对绿色感知、行为响应的影响

通过描述性统计分析（见表 6－21），家庭中有未成年人的为 377 人，没有未成年人的样本量为 502 人，有未成年人的绿色感知均值为 4.221，没有未成年人的绿色感知均值为 4.120。均值差值为 0.101，Levene 检验显示 F＝3.299，p＝0.070，大于 0.05，说明两组数据方差齐性，继续查看方差齐性时的显著水平，结果显示，95% 的置信区间为 0.028～0.173，不包含 0，表明绿色感知存在差异。同时，在绿色行为响应方面，F＝0.200，p＝0.655，大于 0.05，方差齐性，95% 的置信区间为 0.076～0.247，不包含 0，表明绿色行为响应在是否未成年人方面存在差异（见表 6－22）。

表 6－21　有无未成年人分组统计

	是否有未成年人	N	均值	标准差	均值的标准误
绿色感知	有	377	4.221	0.566	0.029
	没有	502	4.120	0.519	0.023
行为响应	有	377	3.917	0.660	0.034
	没有	502	3.755	0.624	0.027

表 6－22　独立样本检验

		方差方程的 Levene 检验		均值方程的 t 检验					差分的 95% 置信区间	
		F	Sig.	t	df	Sig.（双侧）	均值差值	标准误差值	下限	上限
绿色感知	假设方差相等	3.299	0.070	2.749	877	0.006	0.101	0.036	0.028	0.173
	假设方差不相等			2.716	770.679	0.007	0.101	0.037	0.028	0.174
行为响应	假设方差相等	0.200	0.655	3.704	877	0.000	0.161	0.043	0.076	0.247
	假设方差不相等			3.675	784.877	0.000	0.161	0.044	0.075	0.248

（八）居住状况对绿色感知、行为响应的影响

描述性统计分析结果如表 6 - 23 所示。从均值来看，与父母、伴侣同住的居住状态绿色感知均值最高。Levene 检验结果显示（见表 6 - 24），p = 0.069，大于 0.05，满足方差齐性的假设。本书采用 ANOVA 分析（见表 6 - 25），结果显示，F = 5.698，p < 0.05，表明在不同居住状态组间，绿色感知差异具有统计意义。由于方差齐性，在进行组间两两比较时，发现各组例数不相等，本书采用校正后的 Tukey - Kramer 检验，通过多重比较发现，与父母同住的组别和与朋友同住组别相比，与父母同住是绿色感知得分增加 0.208（95% CI：0.025 ~ 0.389）；与父母同住和单独居住相比，绿色感知得分增加 0.179（95% CI：0.229 ~ 0.3368）；父母、伴侣同住也高于与朋友同住、独居，分别增加 0.272（95% CI：0.062 ~ 0.484）和 0.245（95% CI：0.055 ~ 0.434）。

表 6 - 23   不同居住状况的绿色感知与行为响应描述统计

变量及分类		N	均值	标准差	标准误	均值的95%置信区间		极小值	极大值
						下限	上限		
绿色感知	与父母同住	147	4.257	0.385	0.031	4.194	4.320	3.28	5.00
	与伴侣同住	318	4.179	0.567	0.031	4.116	4.241	1.06	5.00
	与父母、伴侣同住	83	4.322	0.414	0.045	4.232	4.413	3.33	5.00
	与朋友同住	116	4.049	0.499	0.046	3.957	4.141	2.06	5.00
	单独居住	215	4.077	0.630	0.042	3.992	4.162	1.00	5.00
	总数	879	4.164	0.542	0.018	4.127	4.199	1.00	5.00
行为响应	与父母同住	147	3.893	0.557	0.045	3.802	3.984	2.83	5.00
	与伴侣同住	318	3.836	0.663	0.037	3.762	3.909	1.00	5.00
	与父母、伴侣同住	83	3.925	0.628	0.069	3.788	4.063	2.50	5.00
	与朋友同住	116	3.735	0.603	0.056	3.624	3.846	1.83	5.00
	单独居住	215	3.771	0.694	0.047	3.678	3.864	1.00	5.00
	总数	879	3.825	0.645	0.021	3.782	3.867	1.00	5.00

表 6 - 24   不同居住状况的方差齐性检验

	Levene 统计量	df1	df2	显著性
绿色感知	2.181	4	874	0.069
行为响应	0.992	4	874	0.411

表 6 – 25　绿色感知和行为响应在不同居住状况中的方差分析

		平方和	df	均方	F	显著性
绿色感知	组间	6.563	4	1.641	5.698	0.000
	组内	251.674	874	0.288		
	总数	258.237	878			
行为响应	组间	3.114	4	0.779	1.878	0.112
	组内	362.269	874	0.414		
	总数	365.383	878			

绿色行为响应 Levene 检验结果显示，$p = 0.411$，大于 0.05，满足方差齐性假设。采用 ANOVA 分析，结果显示，$F = 1.878$，$p = 0.112$，大于 0.05，表示各组的差异无统计学意义，即不同居住状况的绿色行为响应不存在显著差异。

二、结果讨论

关于绿色感知和绿色行为响应在人口统计特征上的差异分析显示，在绿色感知上，女性高于男性，本书认为女性员工相比男性更加谨慎、仔细，因而女性对环保、健康问题更加敏感；绿色感知水平在不同年龄上不具有显著差异，说明员工的感知水平不会因年龄差而差别过大，年长和年轻对绿色的感知水平基本一致。随着员工的受教育水平的提高，绿色感知水平也会提升，受教育水平反映员工的学识或知识水平。学历水平高，对环保和健康构成的绿色问题认识越深刻，眼界越长远，绿色感知水平也就越高。但是绿色感知并不会持续提升，正如检验所见，大专、本科、硕士及以上的水平并没有显著差异。国有企业员工的绿色感知高于民营企业，一方面，国有企业是国家企业经营政策导向的最重要的落实主体之一；另一方面，国有企业在贯彻国家关于环保和职业健康的政策、法律方面更为积极，或者由于资金、技术等方面的支持优势，对绿色工作较为重视；而多数民营企业反映在市场竞争中生存是第一位，对于环保和职业健康的重视不足，因而国有企业员工比民营企业员工绿色感知水平高。随着工作年限的增加，员工对充分利用资源以保护环境和保持职业安全健康方面的认识也在增强；当累积到一定工作年限后，对绿色工作方式的认识达到稳定状态；而对于更长的工作年限员工而言，惯例和固化思维使绿色感知敏感性不足。绿色感知在不同职位层次上差异不显著；当员工生活中如果有未成年人时，个体出于树立榜样、家庭教育责任的原因，在环保和健康问题上更加敏感，绿色感知程度更强；在居住状况方面，当个体与父母、伴侣居住时，绿色感知的得分高于独居或与朋友一起居住，一方面可能表明个体受到父母、伴侣的在环保、健康方面的影响较大；另一方面，表明与亲属共同居住时，个体的责任意识增强，对环保健康关注度增加。

在绿色行为响应方面，女性的绿色行为水平比男性水平高，这与绿色感知在性别差异上的结论是一致的。女性员工在工作过程中更容易将生活中的节俭、细致和安全习性应用在工作中。不同年龄段的绿色行为响应水平差异性不大，仅在40～44岁和50岁以上组别间存在差异。而且从均值来看，40～44岁的均值高于其他组别，而50岁以上的均值最低，两个极值存在显著差异。本书认为，一方面，本次调查50岁以上人员所占的比例较小，导致所得分值偏低；另一方面，50岁以上的组别，行为模式固化的程度更强，更不愿意改变自己的行为，所以在绿色行为方面得分较低。在受教育方面，学历越高，员工绿色行为水平越高，随着接受教育水平的提升，越会具备正确的认识，更容易坚持积极的正面行为。但是绿色行为水平不会随着学历持续上升，当学识到达一定水平时，绿色行为水平处于稳定状态，所以大专、本科、硕士及以上的绿色行为水平无显著差异。在单位性质方面，中国港、澳、台商企业行为得分高于外商投资企业绿色行为得分，两类企业同样作为国家政策扶持企业，但是中国港、澳、台商企业可能受国家政策法律约束更强，员工绿色行为保障性更大。另外，外商及中国港、澳、台商样本数较小，存在一定的不确定性，但也说明其他类型企业的员工绿色行为无显著差异。在职位层级方面，基层员工绿色行为比高层管理者得分低。原因可能在于对基层员工而言，完成工作任务是首选，对完成工作任务的方式和方法，尤其是环保、健康方面的重视程度低于高层管理者，全局性及长远性思维缺乏又或者是归属感较低。在工作年限方面，工作年限越长，绿色行为得分越高，随着工作年限的积累，使员工越来越熟识工作问题的解决途径，得分也就越高；生活中如果有未成年人，个体在生活中会积极引导未成年人，形成绿色行为方式，而这种方式下意识地会延伸至工作中，使工作中的绿色行为得分较高；但是居住状态对绿色行为的影响统计上无差别，这在一定程度上表明，在绿色行为的实施方面，个体可能更重视行为对下一代的影响，而对家庭中其他成年人的行为影响有限。

第三节　相关性分析

一般而言，理论模型中各变量间关系的验证首先依赖于变量间的相关性。因此，本书根据一般分析常用的思路在本小节用相关系数对书中所涉及的变量的相关性进行检验。本书在前文量表检验过程中，分析判别效度的原因涉及变量间的相关性，该小节的内容可以说明变量间的相关性。但该小节的焦点是与 AVE 平方根的比较，对相关性的分析并未详细阐述。因此，本节使用变量平均数进行简单的相关分析，用以说明变量间关系。具体数值与前文中潜变量得到的变量相关系数有所差异，但对相关性的显著性影响有限。

一、绿色感知前因变量的相关性分析

本书首先对引起员工绿色感知的前因变量进行相关性分析，其中包括组织的外部因素为绿色风气；组织自身因素为组织促进——个体自身因素为绿色经历；绿色感知涵盖绿色观念、绿色察觉和绿色可行性。具体相关分析结果如表 6-26 所示。

表 6-26 绿色感知前因变量相关性

	绿色风气	组织促进	绿色经历	绿色观念	绿色察觉	绿色可行性
绿色风气	1					
组织促进	0.450**	1				
绿色经历	0.260**	0.289**	1			
绿色观念	0.202**	0.208**	0.150**	1		
绿色察觉	0.324**	0.465**	0.290**	0.512**	1	
绿色可行性	0.437**	0.423**	0.328**	0.477**	0.501**	1

注：** 表示在 0.01 水平上显著（双侧）。

由表 6-26 绿色感知前因变量的相关性分析可知，绿色风气与员工绿色观念、绿色察觉、绿色可行性在 0.01 水平上均显著正相关，相关系数分别为 0.202、0.324 和 0.437；组织促进与绿色观念、绿色察觉、绿色可行性在 0.01 水平上均显著正相关，相关系数分别为 0.208、0.465、0.423；绿色经历与绿色观念、绿色察觉和绿色可行性在 0.01 水平上显著正相关，相关系数分别为 0.150、0.290 和 0.328。从表 6-26 中数据可初步判断，相关性显著，有部分因素间的相关系数低于 0.4，相关程度较低，但变量间的显著相关性为本书后续的研究奠定了基础。初步验证了绿色风气、组织促进和个体绿色经历与绿色感知三维度均存在显著正相关。

二、绿色感知、个体规范、绿色行为意向的相关性分析

表 6-27 为绿色感知、个体规范、行为意向的相关性分析结果，其中绿色感

知变量包括绿色观念、绿色察觉、绿色可行性，具体分析结果如表 6 – 27 所示。由表 6 – 27 中数据可得，绿色感知的三维度与个体规范、行为意向的相关系数均在 0.01 水平上显著，绿色观念、绿色察觉和绿色可行性与个体规范的相关系数分别为 0.285、0.384 和 0.583；绿色观念、绿色察觉和绿色可行性与绿色行为意向的相关系数分别为 0.416、0.486 和 0.740；个体规范和行为意向的相关系数为 0.549，变量间的显著相关性为本书后续的研究奠定了基础。

表 6 – 27　绿色感知与行为意向相关性分析结果

	绿色观念	绿色察觉	绿色可行性	行为意向	个体规范
绿色观念	1				
绿色察觉	0.512**	1			
绿色可行性	0.477**	0.501**	1		
行为意向	0.416**	0.486**	0.740**	1	
个体规范	0.285**	0.384**	0.583**	0.549**	1

注：** 表示在 0.01 水平上显著（双侧）。

三、个体规范、绿色行为意向与行为响应的相关性分析

表 6 – 28 为个体规范、绿色行为意向与绿色行为响应的相关性分析结果。绿色行为响应包括自我约束行为和干预他人行为，具体分析结果如表 6 – 28 所示。从表 6 – 28 中可见，绿色行为意向作为单一维度，与两类行为均在 0.01 水平上显著正相关，相关系数分别为 0.573 和 0.467；个体规范与两类行为均在 0.01 水平上显著正相关，相关系数分别为 0.515 和 0.451；个体规范与行为响应的相关系数为 0.549；行为意向和行为响应的相关系数为 0.596，变量间的显著相关性为本书后续的研究奠定了基础。

表 6 – 28　个体规范、绿色行为意向与绿色行为响应的相关性分析结果

		行为意向	个体规范	自我约束	干预他人
	行为意向	1			
	个体规范	0.549**	1		
行为响应	自我约束	0.573**	0.515**	1	
	干预他人	0.467**	0.451**	0.572**	1
	行为响应	0.596**	0.549**	—	—

注：** 表示在 0.01 水平上显著（双侧）。

第四节　中介效应检验

本书的理论模型中，将绿色感知、个体规范、行为意向设定为中介变量，绿色风气、组织促进、个体绿色经历设定为绿色感知的前因变量，绿色行为响应设定为因变量。本书认为，绿色风气、组织促进、绿色经历等因素并不能直接引起绿色行为，这些因素需通过员工的内在心理动机方能激发绿色行为。本书采用结构方程模型来检验中介效应。在进行结构方程检验之前，本书先通过回归分析，对路径中的回归显著性进行预判。

一、基于模型假设的回归分析

本书利用线性回归中层次回归方法检验模型中的假设，表中的数据均显示为标准化数值。类似前文，绿色感知和行为响应分别以维度进行分析，其他多维度变量打包处理。在回归分析之前，对变量进行了多重共线性检验，结果显示，VIF 小于 3，表明不存在严重的多重共线性问题。回归分析结果显示（见表 6 – 29），首先，绿色风气、组织促进、绿色经历对绿色感知的三个维度的路径系数均达到了统计学显著，同时绿色风气、组织促进、绿色经历对绿色感知的回归系数分别为 0.148、0.239、0.164，表明绿色风气、组织促进、绿色经历对绿色感知具有较强的驱动作用。其次，绿色感知的三个维度均与个体规范有显著的正向影响，回归系数分别为 0.237、0.313、0.578；绿色感知三个维度与个体规范的回归分析显示，绿色感知、个体规范均对行为意向有显著正向影响。最后，个体规范、行为意向对绿色行为响应的两个维度——自我约束行为、干预他人行为有显著的正向影响。

二、中介作用的假设检验

根据本书的研究视角，本小节考虑绿色感知和绿色行为响应的多维度特征，对于绿色感知的三个维度与行为响应的两个维度分别对应处理，其他变量则根据不同维度所包含的题项做打包处理，因此本小节主要对形成的六组平行中介效应进行分析检验。关于中介效应的检验，以往的学者多使用逐步检验法、Sobel 检验方法、Process 检验方法、AMOS 检验方法等。每种方法都有其优势和劣势。比如 Process 方法操作比较简便，直接套用固定的模型进行，但是 Process 目前模型

表6-29 回归分析结果

变量	绿色感知							个体规范			行为意向			绿色行为响应	
	观念		察觉		可行性		绿色感知							自我约束	干预他人
	β	β	β	β	β	β	β	β	β	β	β	β	β	β	β
性别	0.296***	0.259***	0.263***	0.180***	0.391***	0.292***	0.293***	0.176***	0.164***	0.021	0.195***	0.197***	0.085**	0.022	-0.047
年龄	0.053	0.078+	-0.138**	-0.059	-0.086+	-0.019	0.006	-0.265***	-0.209***	-0.202***	-0.036	-0.001	-0.037	-0.112*	0.001
学历	0.375***	0.361***	0.227***	0.194***	0.201***	0.172***	0.296***	-0.030	-0.012	-0.057*	0.068*	0.088*	0.037	-0.003	0.049
企业性质	-0.076+	-0.069+	-0.076*	-0.054+	-0.069*	-0.051+	-0.062*	-0.007	-0.001	0.015	-0.041	-0.038	-0.021	-0.006	-0.002
职位	-0.170***	-0.199***	0.018	-0.052	-0.006	-0.077	-0.141***	0.077*	0.031	0.040	0.074*	0.038	0.054*	0.140***	-0.006
工作年限	0.003	-0.018	0.134***	0.085*	0.105*	0.072+	0.058+	0.237	0.194***	0.175***	-0.004	-0.021	-0.001	0.079+	0.038
未成年人	-0.012	0.023	-0.089**	-0.012	-0.099**	-0.012	0.001	-0.051	-0.026	0.003	-0.056	-0.039	-0.014	0.021	-0.088**
居住状况	-0.097***	-0.092***	-0.072	-0.058+	-0.078+	-0.070	-0.079*	-0.065*	-0.065*	-0.043	-0.069*	-0.074*	-0.064*	0.046*	0.006
绿色风气		0.067*		0.078*		0.218***	0.148***								
组织促进		0.089**		0.326***		0.198***	0.239***								
绿色经历		0.087**		0.145***		0.176***	0.164***								
观念								0.237***			0.193***				
察觉									0.313***			0.238***			
可行性										0.578***			0.583***		
个体规范											0.418***	0.384***	0.172***	0.276***	0.279***
行为意向														0.413***	0.309***
R²	0.311	0.339	0.178	0.344	0.260	0.430	0.507	0.154	0.191	0.351	0.426	0.444	0.583	0.406	0.286
F	48.984***	40.409***	23.550***	41.420***	38.261***	59.551***	80.621***	17.570***	25.597***	54.782***	64.307***	69.178***	120.889***	59.285***	34.750***

注：表中的系数均为标准化系数，***表示在0.001水平上显著（双侧）；**表示在0.01水平上显著（双侧）；*表示在0.05水平上显著（双侧）；+表示在0.1水平上显著（双侧）。

类别比较有限。本书的中介是链式中介，涉及多个中介变量，因此本书选择 A-MOS 方法对模型的中介效应进行检验。在前文的分析中得知，绿色感知分为三个维度、绿色行为分为两个维度，感知和行为响应也是本书的立足点。因此，本节分别对两变量的不同维度的 6 种组合路径进行检验，检验在不同维度组合情形下中介效应的显著性。本节采用 AMOS 24.0 对中介路径进行分析，分析的路径系数采用标准化数值。在进行中介效应检验时，使用偏差矫正的 Bootstrap 方法进行检验，重复抽取 5000 次。

（一）绿色观念和自我约束行为的路径检验

图 6 - 1 为以绿色风气、绿色经历以及组织促进为自变量，绿色观念为第一中介变量，绿色自我约束行为为因变量的路径图。从图 6 - 1 中可见，各路径的标准化系数均具有统计显著性，且均显著为正，路径系数的显著性为链式中介效应的成立奠定了基础。在模型的拟合指标中，CMIN/DF = 4.713，RMR = 0.054，GFI = 0.857，CFI = 0.903，RMSEA = 0.065，由于卡方值容易受到样本大小的影响，应参考其他的适配度统计量，而不应从卡方值判断。因此，总体的拟合指标数值表明样本的拟合度可接受（Setiawan et al.，2014）。

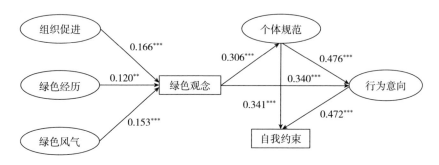

图 6 - 1 绿色观念—自我约束路径

注：图中的系数均为标准化系数，＊＊＊表示在 0.001 水平上显著（双侧）；＊＊表示在 0.01 水平上显著（双侧）。

进一步检验中介效应，本书采用 AMOS 的自定义语法功能对中介路径的效应值进行检验，得到如表 6 - 30 所示的路径效应值和显著性。绿色风气、组织促进、绿色经历通过绿色观念、个体规范、行为意向对绿色自我约束行为的影响效应总计为 0.030；绿色风气、组织促进、绿色经历通过绿色观念、个体规范对绿色自我约束行为的效应总计为 0.046；绿色风气、组织促进、绿色经历通过绿色观念、绿色行为意向对绿色自我约束行为的效应总计为 0.071；总中介效应值为 0.147，Percentile 95% 置信区间为 [0.086，0.218]。从表 6 - 30 中可见，包含绿色观念和绿色自我约束行为的中介模型中所有路径的 Percentile 95% 的置信区间都不包含 0，表明图 6-1 中所示的中介路径均成立。

表 6-30　绿色观念—自我约束行为效应值

路径									效应值	Boot SE	Percentile 95%		
											Lower	Upper	p
A1	→	B1	→	C	→	D	→	E1	0.011	0.004	0.004	0.021	0.000
A2	→	B1	→	C	→	D	→	E1	0.008	0.004	0.002	0.016	0.009
A3	→	B1	→	C	→	D	→	E1	0.011	0.006	0.003	0.026	0.010
A1	→	B1	→	C	→	E1			0.017	0.006	0.007	0.029	0.000
A2	→	B1	→	C	→	E1			0.013	0.006	0.002	0.025	0.009
A3	→	B1	→	C	→	E1			0.016	0.010	0.003	0.047	0.011
A1	→	B1	→	D	→	E1			0.027	0.019	0.007	0.077	0.000
A2	→	B1	→	D	→	E1			0.019	0.010	0.004	0.041	0.009
A3	→	B1	→	D	→	E1			0.025	0.012	0.009	0.048	0.008

　　注：A1 组织促进；A2 绿色经历；A3 绿色风气；B1：绿色观念；B2 绿色察觉；B3 绿色可行性；C 个体规范；D 绿色行为意向；E1 自我约束行为；E2 干预他人行为。

（二）绿色观念和干预他人行为的中介效应检验

图 6-2 为以绿色风气、绿色经历以及组织促进为自变量，绿色观念为第一中介变量，干预他人行为为因变量的路径图。从图 6-2 可见，各路径的标准化系数均具有显著性，且显著为正，为链式中介效应的成立奠定了基础。模型的拟合指标中，CMIN/DF = 4.690；RMR = 0.054；GFI = 0.862；CFI = 0.911；RMSEA = 0.065，表明样本的拟合度可接受。

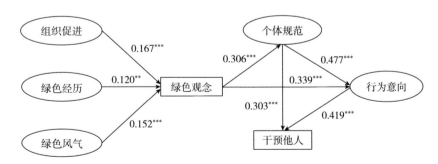

图 6-2　绿色观念—干预他人路径

　　注：图中的系数均为标准化系数，＊＊＊在 0.001 水平上显著（双侧）；＊＊在 0.01 水平上显著（双侧）。

进一步对中介效应的检验，本书采用 AMOS 自定义语法功能对中介路径的效应值进行检验，得到如表 6 - 31 所示的路径效应值和显著性。绿色风气、组织促进、绿色经历通过绿色观念、个体规范、行为意向对干预他人行为的影响效应总计为 0.026；绿色风气、组织促进、绿色经历经过绿色观念、个体规范对干预他人行为的效应总计为 0.040；绿色风气、组织促进、绿色经历经过绿色观念、绿色行为意向对干预他人行为的效应总计为 0.063；总中介效应值为 0.130，Percentile 95% 置信区间为 [0.071, 0.197]。从表 6 - 31 中可见，包含绿色观念和干预他人行为的中介模型中所有路径的 Percentile 95% 的区间都不包含 0，表明如图 6 - 2 所示的中介路径均成立。

表 6 - 31　绿色观念—干预他人行为效应值

路径									效应值	Boot SE	Percentile 95%		
											Lower	Upper	p
A1	→	B1	→	C	→	D	→	E2	0.010	0.004	0.003	0.018	0.001
A2	→	B1	→	C	→	D	→	E2	0.007	0.003	0.002	0.016	0.003
A3	→	B1	→	C	→	D	→	E2	0.009	0.005	0.002	0.025	0.009
A1	→	B1	→	C	→	E2			0.015	0.005	0.006	0.026	0.001
A2	→	B1	→	C	→	E2			0.011	0.005	0.004	0.027	0.002
A3	→	B1	→	C	→	E2			0.014	0.009	0.003	0.045	0.010
A1	→	B1	→	D	→	E2			0.024	0.017	0.005	0.062	0.001
A2	→	B1	→	D	→	E2			0.017	0.009	0.004	0.040	0.006
A3	→	B1	→	D	→	E2			0.022	0.011	0.007	0.054	0.009

注：A1 组织促进；A2 绿色经历；A3 绿色风气；B1 绿色观念；B2 绿色察觉；B3 绿色可行性；C 个体规范；D 绿色行为意向；E1 自我约束行为；E2 干预他人行为。

（三）绿色察觉和自我约束行为的中介效应检验

图 6 - 3 为以绿色风气、绿色经历以及组织促进为自变量，绿色察觉为第一中介变量，绿色自我约束行为为因变量的路径图。从图 6 - 3 中可见，各路径的标准化系数均具有显著正向关系，为链式中介效应的成立奠定了基础。模型的拟合指标中，CMIN/DF = 4.653，RMR = 0.062，GFI = 0.867，CFI = 0.910，RMSEA = 0.064，表明样本的拟合度可接受。

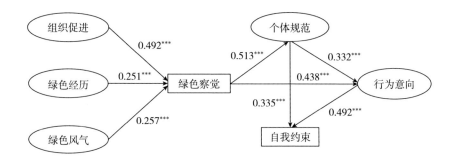

图 6 – 3　绿色察觉—自我约束路径

注：图中的系数均为标准化系数，＊＊＊表示在 0.001 水平上显著（双侧）；＊＊表示在 0.01 水平上显著（双侧）。

进一步检验中介效应，本书采用 AMOS 自定义语法功能对中介路径的效应值进行检验，得到如表 6 – 32 所示的路径效应值和显著性。绿色风气、组织促进、绿色经历通过绿色察觉、个体规范、绿色行为意向对绿色自我约束行为的影响效应总计为 0.084；绿色风气、组织促进、绿色经历通过绿色察觉、个体规范对绿色自我约束行为的效应总计为 0.172；绿色风气、组织促进、绿色经历经过绿色察觉、绿色行为意向对绿色自我约束行为的效应总计为 0.215；总中介效应值为 0.471，Percentile 95% 置信区间为［0.357，0.595］。从表 6 – 32 中可见，包含绿色察觉和绿色自我约束行为的中介模型所有路径的 Percentile 95% 的区间都不包含 0，表明如图 6 – 3 所示的中介路径均成立。

表 6 – 32　绿色察觉—自我约束行为效应值

路径									效应值	Boot SE	Percentile 95%		
											Lower	Upper	p
A1	→	B2	→	C	→	D	→	E1	0.041	0.008	0.026	0.056	0.000
A2	→	B2	→	C	→	D	→	E1	0.021	0.005	0.011	0.032	0.000
A3	→	B2	→	C	→	D	→	E1	0.022	0.008	0.008	0.038	0.000
A1	→	B2	→	C	→	E1		0.085	0.018	0.054	0.124	0.000
A2	→	B2	→	C	→	E1		0.043	0.014	0.022	0.074	0.000
A3	→	B2	→	C	→	E1		0.044	0.021	0.014	0.096	0.000
A1	→	B2	→	D	→	E1		0.106	0.035	0.047	0.184	0.000
A2	→	B2	→	D	→	E1		0.054	0.017	0.025	0.089	0.000
A3	→	B2	→	D	→	E1		0.055	0.018	0.023	0.093	0.000

注：A1 组织促进；A2 绿色经历；A3 绿色风气；B1 绿色观念；B2 绿色察觉；B3 绿色可行性；C 个体规范；D 绿色行为意向；E1 自我约束行为；E2 干预他人行为。

（四）绿色察觉和干预他人行为的中介效应检验

图 6-4 为以绿色风气、绿色经历以及组织促进为自变量，绿色察觉为第一中介变量，干预他人行为为因变量的路径图。从图 6-4 中可见，各路径的标准化系数均具有显著性，为链式中介效应的成立奠定了基础。模型的拟合指标中，CMIN/DF=4.503，RMR=0.051，GFI=0.877，CFI=0.919，RMSEA=0.063，表明样本的拟合度可接受。

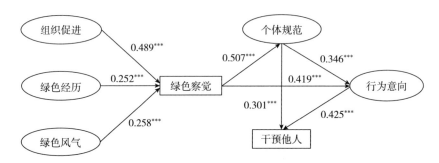

图 6-4　绿色察觉—干预他人路径

注：图中的系数均为标准化系数，＊＊＊表示在 0.001 水平上显著（双侧）；＊＊表示在 0.01 水平上显著（双侧）。

进一步检验中介效应成立与否，本书采用 AMOS 自定义语法功能对中介路径的效应值进行检验，得到如表 6-33 所示的路径效应值和显著性。绿色风气、组织促进、绿色经历通过绿色察觉、个体规范、绿色行为意向对干预他人绿色行为的影响效应总计为 0.074；绿色风气、组织促进、绿色经历通过绿色察觉、个体规范对干预他人绿色行为的效应总计为 0.152；绿色风气、组织促进、绿色经历通过绿色察觉、绿色行为意向对干预他人绿色行为的效应总计为 0.178；总中介效应值为 0.405，Percentile 95% 置信区间为 [0.299，0.522]。从表 6-33 中可见，包含绿色察觉和干预他人绿色行为的中介模型中所有路径的 Percentile 95% 的区间都不包含 0，表明如图 6-4 所示的中介路径均成立。

表 6-33　绿色察觉—干预他人行为效应值

路径									效应值	Boot SE	Percentile 95%		p
											Lower	Upper	
A1	→	B2	→	C	→	D	→	E2	0.036	0.008	0.022	0.052	0.000
A2	→	B2	→	C	→	D	→	E2	0.019	0.005	0.010	0.029	0.000
A3	→	B2	→	C	→	D	→	E2	0.019	0.007	0.007	0.035	0.000

续表

路径							效应值	Boot SE	Percentile 95%		
									Lower	Upper	p
A1	→	B2	→	C	→	E2	0.075	0.019	0.042	0.117	0.000
A2	→	B2	→	C	→	E2	0.038	0.014	0.017	0.070	0.000
A3	→	B2	→	C	→	E2	0.039	0.020	0.012	0.089	0.000
A1	→	B2	→	D	→	E2	0.087	0.032	0.036	0.158	0.000
A2	→	B2	→	D	→	E2	0.045	0.015	0.019	0.077	0.000
A3	→	B2	→	D	→	E2	0.046	0.017	0.018	0.081	0.000

注：A1 组织促进；A2 绿色经历；A3 绿色风气；B1 绿色观念；B2 绿色察觉；B3 绿色可行性；C 个体规范；D 绿色行为意向；E1 自我约束行为；E2 干预他人行为。

（五）绿色可行性和自我约束行为的中介效应检验

图 6 – 5 为以绿色风气、绿色经历以及组织促进为自变量，绿色可行性为第一中介变量，绿色自我约束行为为因变量的路径图。从图 6 – 5 中可见，各路径的标准化系数均具有显著性，为链式中介效应的成立奠定了基础。模型的拟合指标中，CMIN/DF = 4.938，RMR = 0.054，GFI = 0.850，CFI = 0.909，RMSEA = 0.067，表明样本的拟合度可接受。

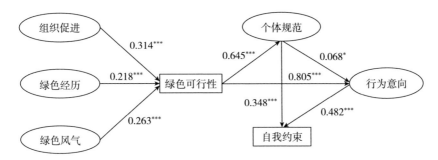

图 6 – 5　绿色可行性—自我约束路径

注：图中的系数均为标准化系数，＊＊＊表示在 0.001 水平上显著（双侧）；＊＊表示在 0.01 水平上显著（双侧）；＊表示在 0.05 水平上显著（双侧）。

进一步检验中介效应成立与否，本书采用 AMOS 自定义语法功能对中介路径的效应值进行检验，得到如表 6 – 34 所示的路径效应值和显著性。绿色风气、组织促进、绿色经历通过绿色可行性、个体规范、绿色行为意向对绿色自我约束行为的影响效应总计为 0.018；绿色风气、组织促进、绿色经历通过绿色可行性、个体规范对自我约束行为的效应总计为 0.178；绿色风气、组织促进、绿色经历通过绿色可行性、绿色行为意向对自我约束行为的效应总计为 0.309；总中介效应值为 0.505，Percentile 95% 置信区间为 [0.427, 0.633]。从表 6 – 34 中可见，包含绿色可行性和绿色自我约束行为的多条路径中，同时包含个体规范和绿色行为意向的三条路径显示边缘显著，其余路径的 Percentile 95% 的区间都不包含 0，中介路径均成立。

表 6 – 34　绿色可行性—自我约束行为效应值

路径								效应值	Boot SE	Percentile 95%		
										Lower	Upper	p
A1	→	B3	→	C	→	D	→ E1	0.007	0.003	0.000	0.014	0.050
A2	→	B3	→	C	→	D	→ E1	0.005	0.003	0.000	0.012	0.068
A3	→	B3	→	C	→	D	→ E1	0.006	0.005	0.000	0.019	0.078
A1	→	B3	→	C	→	E1		0.070	0.014	0.036	0.091	0.000
A2	→	B3	→	C	→	E1		0.049	0.014	0.028	0.081	0.000
A3	→	B3	→	C	→	E1		0.059	0.027	0.030	0.133	0.000
A1	→	B3	→	D	→	E1		0.122	0.039	0.038	0.195	0.000
A2	→	B3	→	D	→	E1		0.085	0.020	0.051	0.132	0.000
A3	→	B3	→	D	→	E1		0.102	0.022	0.085	0.175	0.000

注：A1 组织促进；A2 绿色经历；A3 绿色风气；B1 绿色观念；B2 绿色察觉；B3 绿色可行性；C 个体规范；D 绿色行为意向；E1 自我约束行为；E2 干预他人行为。

（六）绿色可行性和干预他人行为的中介效应检验

图 6 – 6 为以绿色风气、绿色经历以及组织促进为自变量，绿色可行性为第一中介变量，干预他人行为为因变量的路径图。从图 6 – 6 中可见，各路径的标准化系数均具有显著性，为链式中介效应的成立奠定了基础。模型的拟合指标中，CMIN/DF = 4.912，RMR = 0.049，GFI = 0.857，CFI = 0.916，RMSEA = 0.067，表明样本的拟合度可接受。

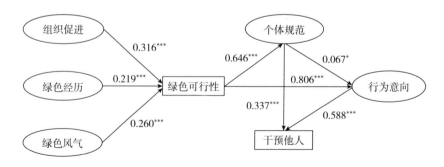

图 6 – 6　绿色可行性—干预他人路径

注：图中的系数均为标准化系数，*** 表示在 0.001 水平上显著（双侧）；** 表示在 0.01 水平上显著（双侧）；* 表示在 0.05 水平上显著（双侧）。

进一步检验中介效应成立与否，本书采用 AMOS 自定义语法功能对中介路径的效应值进行检验，得到如表 6 - 35 所示的路径效应值和显著性。绿色风气、组织促进、绿色经历通过绿色可行性、个体规范、绿色行为意向对干预他人绿色行为的影响效应总计为 0.021；绿色风气、组织促进、绿色经历通过绿色可行性、个体规范对干预他人绿色行为的效应总计为 0.173；绿色风气、组织促进、绿色经历通过绿色可行性、绿色行为意向对干预他人绿色行为的效应总计为 0.376；总中介效应值为 0.570，Percentile 95% 置信区间为 ［0.397，0.601］。从表 6 - 35 中可见，包含绿色可行性和干预他人行为的多条路径中，同时包含个体规范和绿色行为意向的三条路径显示边缘显著，其余路径的 Percentile 95% 的区间都不包含 0，中介路径均成立。

表 6 - 35　绿色可行性—干预他人行为效应值

路径									效应值	Boot SE	Percentile 95%		
											Lower	Upper	p
A1	→	B3	→	C	→	D	→	E2	0.008	0.004	0.000	0.014	0.048
A2	→	B3	→	C	→	D	→	E2	0.006	0.003	0.000	0.012	0.067
A3	→	B3	→	C	→	D	→	E2	0.007	0.005	0.000	0.018	0.079
A1	→	B3	→	C	→	E2			0.068	0.014	0.025	0.080	0.000
A2	→	B3	→	C	→	E2			0.048	0.015	0.019	0.072	0.000
A3	→	B3	→	C	→	E2			0.057	0.027	0.020	0.118	0.000
A1	→	B3	→	D	→	E2			0.150	0.035	0.035	0.187	0.000
A2	→	B3	→	D	→	E2			0.103	0.022	0.045	0.129	0.000
A3	→	B3	→	D	→	E2			0.123	0.027	0.075	0.176	0.000

注：A1 组织促进；A2 绿色经历；A3 绿色风气；B1 绿色观念；B2 绿色察觉；B3 绿色可行性；C 个体规范；D 绿色行为意向；E1 自我约束行为；E2 干预他人行为。

三、检验结果及讨论

根据前文对中介效应的检验结果，本节对检验结论进行统一论证。上文中从绿色感知到绿色行为响应路径分析中，以绿色可行性为中介时，最长路径显示边缘显著。但是以绿色感知和行为响应对中介路径进行检验分析，结果显示，所有路径系数显著，且中介效应得到验证，具体见表 6 - 36。

表 6 – 36   绿色感知—绿色行为效应值

路径									效应值	Boot SE	Percentile 95%		
											Lower	Upper	p
A1	→	B	→	C	→	D	→	E	0.016	0.006	0.008	0.031	0.000
A2	→	B	→	C	→	D	→	E	0.011	0.004	0.005	0.021	0.000
A3	→	B	→	C	→	D	→	E	0.014	0.006	0.005	0.029	0.000
A1	→	B	→	C	→	E			0.060	0.014	0.037	0.093	0.000
A2	→	B	→	C	→	E			0.040	0.013	0.021	0.071	0.000
A3	→	B	→	C	→	E			0.051	0.025	0.015	0.115	0.001
A1	→	B	→	D	→	E			0.109	0.041	0.044	0.207	0.000
A2	→	B	→	D	→	E			0.074	0.018	0.043	0.116	0.000
A3	→	B	→	D	→	E			0.093	0.026	0.049	0.148	0.000

注：A1 组织促进；A2 绿色经历；A3 绿色风气；B 绿色感知；C 个体规范；D 绿色行为意向；E 绿色行为响应。

（一）绿色风气、组织促进与绿色经历对绿色感知作用关系的假设检验

绿色风气对绿色感知有显著的正向影响：根据前文数据分析得知，在回归分析中，绿色风气对绿色观念具有显著正向影响，标准化系数为 0.067；绿色风气对绿色察觉有显著正向影响：根据数据分析结果，在回归分析中，绿色风气对绿色察觉具有显著正向影响，标准化系数为 0.078；绿色风气对绿色可行性有显著正向影响：根据数据分析结果，绿色风气对绿色可行性具有显著正向影响，标准化系数为 0.218。从标准化系数的数值来看，绿色风气对不同的绿色感知维度的作用为正且显著。绿色风气对绿色感知整体的标准化回归系数为 0.148，且在 0.001 水平上显著。综上可知，绿色风气对绿色感知存在显著正向影响，假设 1 成立。

组织促进对绿色感知有显著的正向影响：根据前文数据分析得知，在回归分析中，组织促进对绿色观念具有显著正向影响，标准化系数为 0.089；组织促进对绿色察觉有显著正向影响：根据数据分析结果，在回归分析中，组织促进对绿色察觉具有显著正向影响，标准化系数为 0.326；组织促进对绿色可行性有显著正向影响：根据数据分析结果，组织促进对绿色可行性具有显著正向影响，标准化系数为 0.198。从标准化系数的数值来看，组织促进对不同的绿色感知维度的作用为正且显著。组织促进对绿色感知的标准化回归系数为 0.239，且在 0.001 水平上显著。综上可知，组织促进对绿色感知存在显著正向影响，假设 2 成立。

绿色经历对绿色感知有显著的正向影响：根据前文数据分析得知，在回归分析中，绿色经历对绿色观念具有显著正向影响，标准化系数为 0.087；绿色经历对绿色察觉具有显著正向影响：根据数据分析结果，在回归分析中，绿色经历对

绿色察觉具有显著正向影响，标准化系数为 0.145；绿色经历对绿色可行性有显著正向影响：根据数据分析结果，在回归分析中，绿色经历对绿色可行性具有显著正向影响，标准化系数为 0.176。从标准化系数的数值来看，绿色经历对不同的绿色感知维度的作用为正且显著。绿色经历对绿色感知的标准化回归系数为 0.164，且在 0.001 水平上显著。综上可知，绿色经历对绿色感知存在显著正向影响，假设 3 成立。

以上研究结论从总体上证实了如下假设：社会因素、组织因素、个体经历是绿色感知的有效的预测因素，可以认为涵盖了影响个体绿色感知的主要因素。在三个影响因素中，组织因素对绿色感知的影响作用最大，此结果也与事实相符。正如受访者所提及的：员工和企业是一种交换关系，企业向员工提供满意的薪酬福利，员工需遵循企业的规章制度为企业创造价值。但是也应该注意，由于不同企业的绿色举措可能会因高层管理者对外部利益相关者构成威胁程度的评估不同而不同，或者在一定程度上有差异，从而导致员工对绿色认知程度的差异。同时也应认识到，企业是整个社会的构成主体之一，企业的主张、倡议在一定程度上反映了整个社会的主流价值观。据此社会的主张或社会的风气同样可以影响员工的感知。就规范理论的视角而言，组织因素和社会因素是属于社会规范的范畴，该范畴反映个人对他或她在特定社会情况下应如何行事的社会期望（Schwartz，1977），社会规范需要通过惩罚的威胁或是承诺奖励来实施（Fransson & Garling，1999）。从组织因素和社会因素的测量题项内容方面也部分体现了社会规范的内容。但是也应认识到，在中国推进绿色发展的过程中，一些企业并没有树立并秉持绿色经营理念，在实际工作中未积极推进绿色生产。又或者已然认识到绿色发展的趋势但又由于管理者本身的局限性而拘泥于传统的发展模式，对绿色发展认知不够明确，错误地认为绿色发展道路会使自身经济利益受损。同时对于中小企业而言，绿色技术投资所需的资金远远超过企业的承载能力，影响了技术的推广和应用（秦书生等，2015）。此情形在本书的深度访谈中仍然存在，也再次证明组织层面的绿色促进任重道远。最后是个体经历部分，员工个体在作为组织成员的同时更多的是作为独立于组织的个体而存在，个体所听到或看到或亲身经历的事件皆会融入人的记忆中，对该事件的对错判断会影响自己的认知。当类似情景再次发生时，个体会启动记忆中的信息对事件做出反应，或支持或反对或漠视，研究证实了个体的亲身经历对感知的显著影响。

（二）绿色感知、个体规范、行为意向、行为响应作用关系的假设检验

绿色观念对个体规范有显著的正向影响：根据前文数据分析得知，在回归分

析中，绿色观念对个体规范具有显著正向影响，标准化系数为 0.237；绿色察觉对个体规范有显著正向影响：根据数据分析结果，在回归分析中，绿色察觉对个体规范具有显著正向影响，标准化系数为 0.313；绿色可行性对个体规范具有显著正向影响：根据数据分析结果，绿色可行性对个体规范具有显著正向影响，标准化系数为 0.578。从标准化系数的数值来看，绿色感知不同维度均与个体规范具有正向的显著关系。此外，在绿色感知与个体规范的回归分析中，绿色感知对个体规范的标准化回归系数为 0.546，在 0.001 水平上显著。综上可知，绿色感知对个体规范存在显著正向影响，假设 5 成立。

绿色观念、个体规范对绿色行为意向具有显著的正向影响：根据前文数据分析得知，在回归分析中，绿色观念、个体规范对绿色行为意向具有显著正向影响，标准化系数分别为 0.193 和 0.418；绿色察觉、个体规范对绿色行为意向具有显著正向影响：根据数据分析结果，在回归分析中，绿色察觉、个体规范对绿色行为意向具有显著正向影响，标准化系数分别为 0.238 和 0.384；绿色可行性、个体规范对绿色行为意向具有显著正向影响：根据数据分析结果，绿色可行性、个体规范对绿色行为意向具有显著正向影响，标准化系数分别为 0.583 和 0.172。从标准化系数的数值来看，绿色感知不同维度、个体规范对绿色行为意向具有正向的显著关系。此外，在以绿色感知、个体规范作为自变量，绿色行为意向作为因变量的回归分析中，绿色感知和个体规范的标准化回归系数分别为 0.490 和 0.260，在 0.001 水平上显著。综上可知，绿色感知、个体规范对绿色行为意向存在显著正向影响，假设 4、假设 6 成立。

个体规范、绿色行为意向对自我约束行为具有显著的正向影响：根据前文数据分析得知，在回归分析中，个体规范、绿色行为意向对自我约束行为具有显著正向影响，标准化系数分别为 0.276 和 0.413；同时在回归分析中，个体规范、绿色行为意向对干预他人行为具有显著正向影响，标准化系数分别为 0.279 和 0.309。此外，个体规范、绿色行为意向对绿色行为响应的标准化回归系数分别为 0.319 和 0.422，在 0.001 水平上显著。综上可知，个体规范、绿色行为意向对绿色行为响应存在显著正向影响，假设 7、假设 8 成立。

（三）中介关系假设检验

绿色风气、绿色经历、组织促进通过绿色感知、个体规范、绿色行为意向作用于绿色行为响应。根据前文数据分析得知，在检验绿色可行性通过个体规范、绿色行为意向作用于绿色行为响应的关系中，该路径显示边缘显著。分析其原因，本书认为在绿色感知的绿色可行性维度的测量中，当员工认为工作中的绿色行为是可行的或者可以实现时，在一定程度上可能涵盖了该行为的实施条件已经具备，此时行为的可行性可能会通过激发个体的责任感而引起相对应的行为。又或者行为越可行，即表明该行为越可以实现。此时，个体越愿意实施该行为。行为的可行性越强，个体规范和行为意向单独起作用，两者之间关系减弱。从数值来看，在绿色可行性与自我约束行为的路径中，绿色可行性与个体规范的标准化系数为 0.645，与行为意向的标准化系数为 0.805；在绿色可行性与干预他人行为的路径中，绿色可行性与个体规范的标准化系数为 0.646，与行为意向的标准化系数为 0.806；也说明了此时绿色可行性与个体规范和行为意向关系较强。绿色风气、绿色经历、组织促进通过绿色感知、个体规范作用于绿色行为响应。根据前文数据分析得知，绿色感知的三个维度通过个体规范作用于绿色自我约束行为和干预他人行为的路径系数均显著，表明此中介关系成立。绿色风气、绿色经历、组织促进通过绿色感知、绿色行为意向作用于绿色行为响应。根据前文数据分析得知，绿色感知的三个维度通过绿色行为意向作用于绿色自我约束行为和干预他人行为的路径系数均显著，表明此中介关系成立。

基于绿色感知和行为响应视角，理论和实证有关的研究结果证明个体规范、行为意向是绿色感知和行为响应关系间的关键中介变量。本书的结果认为，从绿色感知到行为响应的过程中，存在多条路径。研究认为，当员工绿色感知较强时，个体规范性提升。此时，根据规范激活理论的研究成果，个体规范性的提升使员工在采取绿色行为方面有更大可能性。此研究结论的主要贡献是从员工绿色认识的角度研究了个体规范在感知和行为间中介作用的成立，通过严谨的量化研究证实了个体规范在行为响应中的作用。Wati 等（2011）研究显示，社会规范并不能直接显著影响绿色信息技术的使用意向，而个体规范则显著影响绿色信息技术的使用意向，此研究成果也在一定程度上支持了本书的研究结论，即社会规范作为外部因素存在，而个体规范则是个体行为的重要内在因素。通过本书的研究，对于责任感和义务感较强的员工来说，感知到的绿色化压力，通过激发内在责任意识增强了行为落实的可能性及行为意向，同时个体规范又可以成为行为的很好的预测因素。此外，当员工感知到绿色化的压力和必要性时，个体会对外在的刺激作用进行内在加工，表现出对绿色工作足够的关心和赞同，会催生员工追求绿色工作的意愿，从而就会产生绿色行为。在中介路径的检验中，本书发现以绿色经历为感知前置因素的路径是所有中介路径中效应值最小的路径，可以认为感知的来源会影响感知到行为的作用效力。艾肯（2008）认为，基于直接经验形成的态度更容易从记忆中提取出来，能更好地预测态度对行为的作用。但是，本书以绿色经历来测量的直接经验，表明对感知和行为关系的影响作用最小。挖掘背后的原因，本书认为员工个体作为组织成员，追求一致性或认同感，个体的直接经验在组织氛围中的作用被弱化，员工更容易受个体外部因素的影响和约束。

第五节　调节效应检验

通常在实证分析的过程中，如果两个变量之间的关系强弱受到其他变量的影响，那么影响变量则是调节变量。调节变量和自变量由于类别的差异在判定方法上会有所差异。本书中调节变量包括习惯便利偏好、参照群体影响、行为结果感知，三个调节变量均为连续变量的潜变量。本书采用化潜为显的方法，用观察变量的均分代替潜变量，并对各变量进行标准化，因此下文中调节作用的数值均为标准化数值，在此基础上本书使用 Hayes 开发的 SPSS 宏程序 Process 进行调节作用的检验（Hayes，2013），在 Percentile 95% 的置信区间上，重复抽取 5000 次对相关的假设进行检验。

一、行为结果感知的调节作用

根据前文模型的构建框架，在不考虑其他变量的前提下，单独分析行为结果感知在绿色感知与行为意向关系中的调节作用。从前文的分析结果来看，绿色风气、绿色经历、组织促进作为绿色感知的前因变量对绿色感知的结果影响未出现明显的显著或不显著变化。因此，在调节作用的分析时，本书仅分析行为结果感知在绿色感知和行为意向关系中的调节作用。从表 6 - 37 中可以看出，行为结果感知在绿色感知和绿色行为意向关系中的调节作用显著为正；同时，从数值来看，由于本书在中介效应和调节效应的检验中对数值进行了标准化，交互项对行为意向的斜率是 0.094，即行为结果感知每增加一个标准差，绿色感知对行为意向的影响就会增加 0.094 个标准差。

表 6 - 37　行为结果感知的调节作用结果

	行为意向		
	标准化系数	T 值	显著性水平
绿色感知	0.558	21.042	0.000
行为结果感知	0.270	9.877	0.000
绿色感知×行为结果感知	0.094	5.412	0.001
R^2	0.513		

由效应值检验表（见表6-38）可见，当对行为结果的感知由低水平上升到高水平时，效应值由0.464上升到0.652，95%的置信区间不包含0。进一步简单斜率分析表明（见图6-7），行为结果感知程度较高时（M+1SD），绿色感知对行为意向具有显著的正向预测作用；行为结果感知程度较低时（M-1SD），绿色感知对行为意向也具有显著正向预测作用，但其预测作用较小；高水平和低水平差异值为0.188，95%的置信区间不包含0，再次表明调节效果显著。总体而言，随着行为结果感知程度的提高，绿色感知对行为意向的预测作用显著增强，假设11成立。

表6-38　行为结果感知调节效应检验结果

调节变量	调节变量水平	效应量	Boot SE	BootLLCL	BootULCL
结果感知	M-1SD	0.464	0.033	0.399	0.528
	M+1SD	0.652	0.030	0.592	0.712
	差异	0.188	0.067	0.068	0.321

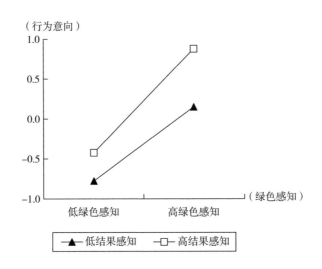

图6-7　结果感知在绿色感知与行为意向关系中的调节作用

二、习惯便利偏好的调节作用

在不考虑其他变量的前提下，单独分析习惯便利偏好对个体规范和行为意向的调节效应。同时从前文的中介效果分析结果显示，在不同的绿色感知维度下，个体规范和意向的关系并不稳定。根据绿色感知维度对各维度取平均数并标准化，分析习惯便利偏好对个体规范作用于行为意向的影响，结果均显示调节作用不显著。不考虑绿色感知的影响因素，单独检验习惯便利偏好在个体规范和行为意向之间的作用，结果如表6-39所示。

表6-39 习惯便利偏好的调节作用

	行为意向		
	系数	T值	显著性水平
个体规范	0.533	17.858	0.000
习惯便利偏好	0.028	0.899	0.369
个体规范×习惯便利偏好	-0.017	-0.237	0.413
R^2	0.542		

从表6-39中可知，习惯便利偏好在个体规范和行为意向关系中的调节作用不显著，但个体规范和习惯便利偏好的交互项系数为负值，这在一定程度上说明员工习惯便利偏好越强，会对行为意向起到抑制作用，但是习惯便利偏好对个体规范和行为意向关系的调节作用不显著，假设10不成立。

三、参照群体影响的调节作用

在不考虑其他变量的作用下，单独分析参照群体对绿色行为意向作用于绿色行为响应的调节作用，分析结果见表6-40。从表6-40中可以看出，参照群体在行为意向和行为响应关系中的调节作用显著为正；同时，从数值来看，由于本书在中介效应和调节效应的检验中对数值进行了标准化，交互项对绿色行为响应的斜率是0.105，即参照群体每增加一个标准差，行为意向对行为响应的影响就会增加0.105个标准差。通过效应值检验表（见表6-41）可以看到，当参照群体由低水平上升到高水平时，效应值由0.452上升到0.662，95%的置信区间不包含0。进一步通过简单斜率分析表明（见图6-8），参照群体程度较高时（M+1SD），行为意向对行为响应具有显著的正向预测作用；参照群体程度较低时（M-1SD），行为意向对行为响应具有显著正向预测作用，但其预测作用较小；高水平和低水平差异值为0.210，95%的置信区间不包含0，再次表明调节效果显著。总体而言，随着参照群体影响程度的提高，行为意向对行为响应的预测作用显著增强，假设9成立。

表 6 - 40   参照群体的调节作用

	绿色行为响应		
	系数	T 值	显著性水平
行为意向	0.557	20.746	0.000
参照群体影响	0.120	4.372	0.000
行为意向 × 参照群体影响	0.105	4.796	0.000
R^2	0.397		

表 6 - 41   参照群体调节效应检验结果

调节变量	调节变量水平	效应量	BootSE	BootLLCL	BootULCL
参照群体影响	M − 1SD	0.452	0.037	0.380	0.524
	M + 1SD	0.662	0.032	0.598	0.725
	差异	0.210	0.065	0.092	0.348

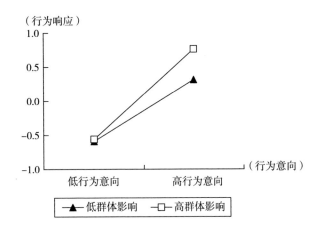

图 6 - 8   参照群体在行为意向与行为响应关系中的调节作用

四、检验结果及讨论

首先,检验结论得出行为结果感知正向调节绿色感知和行为意向关系。当员工对工作过程中的绿色问题有所认识时,对绿色化的认识越深入,可能由于外在条件的诱导或刺激,个体可能会产生实施某行为的意愿。根据计划行为理论,此时行为意向的作用可能就会出现。但行为意向的出现可能源自个体对目标行为可能带来的结果的预估。如果个体认为目标行为带来的结果对自己、对组织越有利，出于自利或组织利益方面的考量，个体采取某目标行为的意向就会增强，行为意向增强进而提升实际行为发生的可能性。因此，在绿色感知与行为响应之间的关系中，绿色感知通过行为意向影响实际行为，其中，行为结果感知在绿色感知与行为意向的关系中起正向调节作用，即对绿色行为结果的预估越正面、越积极、越符合个体期望，其行为意向性越强，因此也越可能实施该行为。

其次，习惯便利偏好对个体规范和行为意向关系的负向调节作用不显著。从员工角度而言，环保以及健康自我要求的提升，对于部分员工而言意味着过去习以为常的工作方式将会发生改变。以决策过程为例，Ouellette 和 Wood（1998）研究认为，在频繁发生的行为中意向和行为的关系比不经常发生的关系要弱。同时 Klöckner 和 Matthies（2004）的研究也认为，个人选择习惯对出行方式的选择没有直接影响，但习惯强度对个体规范和行为选择的关系具有调节作用。Webb 和 Sheeran（2006）研究认为，通过对行为意向的改变来达到改变行为目的的关键在于该行为未形成习惯。正如研究认为，环保行为与标准行为相比需要付出更多的努力，较少的乐趣或需要更高的代价并牺牲舒适感（Ellen et al.，2013），因此可以认为个体在实施某行为前将会评估该行为的便利程度。依据组织变革过程来看，员工的惯例或守旧的心理会对组织变革产生阻碍作用。在员工工作方式向绿色化转变的过程中，类似的惯例和守旧心理会对改变员工目前既有的行为方式产生阻碍作用。即使个体认为有责任实施绿色行为，但是在短期内，个体对惯例和便利的偏好程度越强，个体采取目标行为的行为意向就会下降。因此，本书的理论假设认为，在依据计划行为理论研究规范和行为意向的关系中，习惯便利偏好起到负调节作用。定量分析结果显示，习惯便利偏好在个体规范和行为意向关系中的交互项为负值，负调节作用存在，但是调节作用却不显著。Ajzen（2002）研究了过去行为的余效影响，他认为过去行为对后续行为确实存在影响。但是当行为意向很强时，过去行为的余效影响是微弱的甚至可能会消失。换言之，当一种行为形成习惯或惯例时，过去行为的频率应该是后续行为的良好预测，但是不能掩盖意图或意向的影响。同时，习惯是在稳定环境下重复过去行为的倾向（Ouellette & Wood，1998），而绿色发展的趋势也改变了过去习以为常的工作环境。另外，计划行为理论中的知觉行为控制反映过去的经验或信息对行为阻碍或促进，由控制信念（个人能力评估）和便利性认知构成。知觉行为控制既影响行为意向又可直接影响实际行为，可以认为便利性认知会影响行为意向。根据本书研究结果习惯便利偏好负调节作用不显著，深究其原因，本书认为研究对象是企业员工，组织员工不再仅仅作为个体存在，而是"组织人"。"组织人"

的约束使个体自由发挥的空间减少，更多地受制于组织的制度或文化约束。同时从个体规范的内涵来看，个体规范越强，表明该个体对某行为的责任感也越强，当责任感的强度高于对习惯便利的偏好时，习惯便利偏好能发挥的作用就会减弱。因此，作为个体行为选择的习惯便利偏好所发挥的作用被组织规范和个体规范所压制，最终使习惯便利偏好的调节作用不显著。

最后，参照群体正向调节行为意向和行为响应的关系。根据计划行为理论，行为意向可以直接引起某目标行为。但本书研究结论证实行为意向对行为的影响，也检验了参照群体的调节作用。即如果组织中的个体在实施某行为时，越倾向于参照其所在群体成员的行为或其认定的榜样人物的观点，那么行为意向对实际行为的预测作用就会越强。从群体行为的角度来看，为了成为群体中的一员或被群体所接纳，个体也会倾向于遵从群体行为；或者为了向榜样看齐，个体同样也倾向于实施和榜样一致的行为。值得注意的是，本书在设定参照群体的测量题项时，题项所反映的内容并未明确表示对工作中绿色化的支持或反对，仅反映的是参照群体对行为的影响。但检验结果显示参照群体在行为意向和实际行为关系中具有正向调节作用，这在一定程度上表明受调查个体所参照的群体可能是支持绿色工作的或者受调查者潜意识认为群体行为是符合社会主流价值导向的。据此本书认为，在个体实施绿色行为的过程中，周围人的示范以及榜样人物的行为向个体传递一种某行为被支持的信号，进而增强员工实施绿色行为的可能性，因此参照群体在行为意向和行为响应的关系中起正向调节作用。

第六节　绿色感知和行为响应的拟合关系

在前文的分析中得知，绿色感知与绿色行为响应具有正向相关关系。但本书认为，在员工的实际工作过程中，内在的心理感知未必一定会落实到实际行为中，而实践中的行为也未必一定是基于对该问题有正确的认知，此观点也是本书研究感知和行为响应内在机制的原因所在。因此，本书在前文的研究过程中，遵循理论假设，聚焦在绿色感知和行为响应的过程机制上，并未对其直接效应进行分析。Prothero 等（2011）在研究绿色市场营销时指出可持续态度和不可持续行为之间的不一致性是绿色营销中的一个重要议题。在生产服务领域的结果如何？此部分将对感知和行为响应的拟合关系进行简单分析。本书中，绿色感知的均值为 4.164，绿色行为的均值为 3.825，绿色感知的均值高于绿色行为响应的均值。

员工对绿色的感知强度和实际工作的行为有所差异。换言之，个体对客观现象的感知并不是必然能转化为实际行动。仅用均值来进行比较，由于数据平均过程中造成的数据损失，本书通过绘制绿色感知和绿色行为的散点图（见图6-9）对其进行分析。仅就拟合线所表明的关系而言，员工绿色感知与实际行为响应之间的关系显示，员工个体行为的发生并不完全依赖于员工的绿色感知。从图6-9中可见，拟合回归线与Y轴相交，在Y轴上有一个正截距项，即当员工绿色感知较低时，员工绿色行为并不是不发生，即使员工不具备或者没有明显的相应的对绿色问题的感知，其也有可能表现出一定的绿色行为。进一步深入分析其现象背后的原因，本书认为研究主体是企业的员工，企业员工是作为组织成员存在的，那么组织成员的身份明确，就必然会使员工受到组织制度、文化、领导者行为等组织方面的约束和限制。在此情形下，即使员工并未对工作过程中的绿色化问题有明确的认知，但组织的硬性制度规定以及员工所处的组织氛围也会规范员工的行为。员工只是遵循组织规定，未必会对该问题有相对的深入认识和了解，此结论与前文中组织促进对绿色感知影响最大的研究成果可相互佐证。观察散点图的后半段，发现绿色感知明显高于绿色行为，可以认为在组织规范达到一定程度时，即使个体感知较强，但是组织成员未必会表现出与绿色感知强度相对应的行为。其原因仍然可以用组织成员身份属性来解释，即在通常情况下，员工和组织的关系是一种交换关系，员工完成组织所规定的工作要求即可。自由裁量的组织公民行为是随机的、不确定的，对员工本身的素质水平要求较高，也与员工对

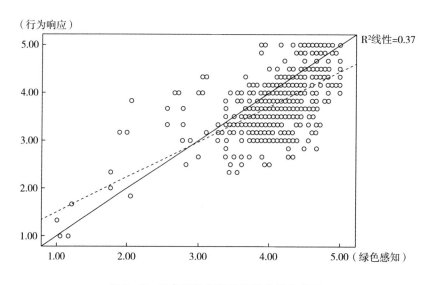

图6-9 绿色感知与行为响应的拟合关系

组织的认可程度有关，因此呈现出感知水平高于行为的现象。由此也可从侧面表明，在感知转变为行为的过程中，存在其他因素导致了员工绿色感知与行为之间的不一致，也间接地从逻辑角度说明了中介和调节作用的存在的合理性。但是也应该注意，从散点图的分布来看，数据集中分布在分值 3 分以后，低于 3 分的分布极少，实则表明员工的表现更多地体现在拟合线的后半段，即感知水平高于行为响应水平阶段。此结论也表明本书前期对感知和行为关系的研究具备合理性。

第七节　本章小结

本章首先对变量的均值、标准差等进行了描述性统计分析。其次，分析了不同的人口统计学变量下绿色感知和绿色行为的差异性，分析显示：绿色感知在性别、学历、单位性质、工作年限、是否有未成年人、居住状况不同类别间存在差异；绿色行为在性别、年龄、学历、单位性质、职位层级、工作年限、是否有未成年人的不同类别间存在差异。再次，对各变量的相关性进行分析，结果显示各变量的相关性统计显著。最后，对模型中的中介效应进行检验。通过检验发现，在绿色感知三维度以及绿色行为两维度的 6 种组合模型路径中，绿色可行性、个体规范、行为意向、绿色行为的路径显示为边缘显著，但是以绿色感知和绿色行为响应的中介路径是成立的。针对中介路径的检验结果，对检验所得结果进行了简要分析和讨论；接下来对行为结果感知、习惯便利偏好、参照群体影响三变量在不同路径上的调节作用进行检验，结果显示：行为结果感知在绿色感知和绿色行为意向的关系中起显著正向调节作用；习惯便利偏好在个体规范和绿色行为意向中的负向调节作用不显著；参照群体在绿色行为意向和绿色行为响应的关系中起显著正向调节作用。

总之，通过本章的分析，对模型假设进行了检验，最终检验结果如图 6 – 10 所示。

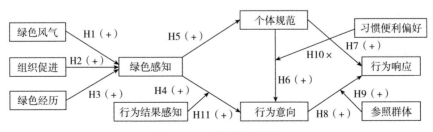

图 6 – 10　模型实证结果

第七章　结论、建议与研究展望

　　《联合国人类环境会议宣言》提出的"人人有在尊严和幸福的优良环境里享受自由、平等和适当生活条件的基本权利"。在绿色发展背景下，从劳资关系方面而言，企业员工同样"有在安全和健康的优良环境里享受自由、平等和适当工作条件的基本权利"，而企业则应"有提供安全和健康的优良工作环境的义务"；在生态主义视角下，员工则"有保持与环境、资源等外部物质资源平衡、协调、长久发展的义务"。因此，员工的绿色感知以及行为响应既是员工应有的义务，又是其权利。本书以员工工作绿色化为切入点，从组织成员—员工的角度探讨员工对绿色工作的看法。运用质性研究的扎根理论，基于员工绿色感知与行为响应视角对工作绿色化的路径机制进行分析，构建了本书的研究模型。同时，运用问卷所得数据对构建的模型进行量化检验。本书的研究结果对于从员工视角研究工作绿色化及其相关领域的研究作出了基础性的理论贡献。本章基于前文分析结果，首先对员工绿色感知和行为响应视角的工作绿色化研究结果进行总结、讨论和分析，同时根据研究结论提出相对应的管理对策和建议，对于本书研究中存在的不足提出进一步完善的设想。

第一节　研究结论

一、质性研究结果

　　本书采用扎根理论方法，构建了基于员工个体感知与行为响应的工作绿色化的路径，研究分析结果如下：

　　（一）绿色感知的内涵

　　通过访谈并对访谈资料进行分析，认为就员工个体视角而言，"绿色"应包含"环境保护"和"安全健康"两个方面。据此，本书认为绿色感知是员工通过对工作环境和工作过程中的资源使用和身心健康问题的了解，形成的对工作中节约资源、避免环境污染和遵守安全守则、保持自身身心健康的重要性认识和必要性评价的心理体验过程，目的是提升员工工作过程中的绿色化意愿从而达到坚持环境保护和保持身心健康的目的。

（二）对绿色问题的认识受到多重因素的影响

绿色风气反映社会总体对绿色工作即环保工作和健康工作的重视程度，是影响员工绿色感知的社会背景因素，此因素属于组织外部因素，适用于社会中的所有民众；组织促进是影响员工绿色感知的最关键的因素，因为员工所具有的组织内部人的身份属性更多地受组织制度、管理者观念和行为的影响，组织的绿色文化塑造员工关于绿色的潜意识；绿色经历则是个体在正反不同经历情境下带来的内心触动和记忆，这种记忆越深刻、过去经历的冲击性越激烈，对绿色工作问题的思考越深入、越敏感，绿色感知水平可能就越高。

（三）绿色感知通过多路径作用于绿色行为响应

绿色感知是绿色个体规范的驱动因素，个体规范的存在是基于个体对某个问题的认识和评估；绿色个体规范又是绿色行为意向的驱动因素，在个体规范的道德感和责任感驱动下，行为的倾向性可能增强；绿色行为意向是绿色行为响应产生的基础，行为意向决定实际行为；同时考虑组织成员即员工的约束性，绿色个体规范是绿色行为响应的驱动因素；考虑员工的自主性，绿色感知是绿色行为意向的驱动因素。从个体的绿色感知到实现绿色行为，可通过不同的心理过程得以实现。

（四）情境因素的影响

习惯便利偏好、行为结果感知、参照群体对绿色感知和绿色行为响应的作用机制存在影响。习惯便利偏好影响绿色个体规范与绿色行为意向之间的关系。如果员工认为执行绿色工作会增加工作的难度，或改变既有的习惯，或可能需要投入更多的精力，绿色行为意向的程度就会下降，此因素表现为对行为意向的过程评估；行为结果感知影响绿色感知和绿色行为意向之间的关系，如果员工认为绿色行为的结果是有利于组织、个体或符合员工个体预期，员工的绿色行为意向就会增强，与习惯便利偏好相比，行为结果感知则是对行为意向产生的结果评估；参照群体影响绿色行为意向和绿色行为响应的关系，员工认为如果自己的行为会参照周围人的行为模式或考虑榜样模范的观点，那么其自身也倾向于保持与渴望型参照群体一致的行为或者避免与他人行为相悖，参照群体影响是从员工具体行为的实践过程影响行为产生的可能性。

（五）人口统计学变量影响绿色感知和绿色行为响应

人口统计学变量包括年龄、学历、组织性质、是否有未成年人等。比如，访谈调研结果认为，学历越高，对环保、健康问题的认识越深刻，越可能会正视在工作中自身的利益。调查也反映出，年长的员工对工作程序较为熟悉或对组织归属感比较强，对工作过程中的资源使用比较重视，也有研究认为年轻人对环境污染更关注。

从扎根理论方法所得分析结果来看，员工绿色感知与行为响应关系间存在多重影响因素。借鉴绿色消费感知的研究成果，Tan 等（2016）认为，绿色消费感知是消费者行为的重要预测因素，更重要的是绿色消费感知对绿色消费行为有负向影响。比如，由于绿色产品售价较高或者对绿色营销存在怀疑，又或者认为个体环境友好行为收效甚微，从而导致绿色消费感知和绿色消费行为不一致。本书的研究也取得类似的结果，从员工的绿色感知到行为响应，出于对预期结果的不确定性、群体压力、行为的便利性等方面的考虑，绿色感知与绿色行为响应的关系被弱化。

二、量化分析结果

（一）工作绿色化中各变量的相关性分析结论

书中对绿色感知的前因变量以及绿色感知到绿色行为响应的路径中变量的相关性进行分析，结果表明各变量间存在显著相关性。绿色风气、组织促进、绿色经历都与绿色感知存在显著相关性；绿色感知与个体规范、绿色感知与绿色行为意向、个体规范与绿色行为意向、个体规范与绿色行为、绿色行为意向与绿色行为响应间都存在显著相关关系。

（二）中介效应的检验结论

通过实证分析结果显示，绿色风气、组织促进、绿色经历通过绿色感知、个体规范作用于绿色行为；绿色风气、组织促进、绿色经历通过绿色感知、行为意向作用于绿色行为；绿色风气、组织促进、绿色经历通过绿色观念或绿色察觉、个体规范、行为意向作用于绿色行为；绿色风气、组织促进、绿色经历通过绿色可行性、个体规范、行为意向作用于绿色行为的作用统计上边缘显著；绿色风气、组织促进、绿色经历通过绿色感知、个体规范、行为意向作用于绿色行为。此外，本书发现个体直接经验对绿色感知和行为的影响作用最弱。

（三）调节效应的检验结论

实证结果显示，习惯便利偏好对个体规范和绿色行为意向的负向调节效应不显著；行为结果感知对绿色感知和绿色行为意向关系的调节作用显著为正；参照群体对绿色行为意向和绿色行为响应关系的调节作用显著为正。

（四）人口统计学变量的影响

绿色感知在性别、学历、单位性质、工作年限、是否有未成年人、居住状况不同类别间存在显著差异；绿色行为在性别、年龄、学历、单位性质、职位层级、工作年限、是否有未成年人的不同类别间存在显著差异。

三、追踪调查结论

本书在完成扎根理论及数据分析检验的基础上，基于对研究结论谨慎的态度和精神，以扎根理论获得绿色工作内涵为议题，邀请不同于第一批次的受访人员对工作绿色化过程进行了第二次的调查。一是拟定调查提纲。此次调查目的在于对以扎根理论所提取的概念和关系进行主观性的认证，也为本书主题进一步拓展提供了一个补充，也是对扎根结论的验证，具体调查提纲见附录三。二是确定调查对象。调查对象同样以企业人员为主体，由于时间的限制，本次调查人员在MBA学员中进行。既满足人员身份的要求，同时又具有集中性和专业性，调查结果的时效性和目标性得以保证。三是调查方式。由于受到客观环境因素的影响，本次的调查采用线上的形式进行。通过对调查结果的整理和归纳，所得的研究结论如下：

（一）绿色工作的动因

以受访者结合自身工作状态对推进绿色工作的具体原因进行归纳为基础，本书调查后发现，推动绿色工作的动机总体可以归纳为两个方面：一是拉动力。就企业本身而言，工作绿色化的过程，一方面受国家发展规划以及法律法规等宏观层面的硬性要求，从政策、制度、法律层面推动企业实行工作绿色化；另一方面就个体所面临的具体工作而言，客户或消费者的绿色需求促使工作绿色化以满足客户需求，响应市场变化。这两方面作为外部因素对绿色工作起到了拉动作用。二是推动力。对企业而言，追求长久、可持续经营发展是企业领导人的目标，也是企业员工的诉求；同时对员工个人而言，工作绿色化能满足个体对美丽生态环境和健康安全自我的追求。而这方面因素反映的是企业实施绿色工作或个体追求绿色工作的主动性，对企业实施绿色工作起到了主动性的推动作用。在实践中也应该注意，利益相关者从不同的路径对企业的环境产生影响，其中最主要的两类利益相关者为顾客和监管者。研究结果认为，顾客和监管压力对企业的环境业绩都有直接的影响且统计上显著正相关。但顾客压力对环境业绩的影响高于监管压力对企业环境业绩的影响，因为在外部监管压力下，企业仅仅满足其环境最低要求即可，但企业必须满足顾客对组织、产品及服务等的高要求才可被市场接受（Guerci et al.，2016）。此观点也证实了发挥员工主动性的关键所在，尤其是在当前定制化市场趋势的情形下。

（二）组织应对绿色工作需求的现实选择和难点

不同企业在推动绿色工作过程中所持有的态度存在明显差异，主要体现在以下三个方面：一是长短期经济效益的博弈。部分企业推进绿色工作意志不强，被眼前的短期利益所驱使或不愿意改变传统的经营模式，在推进绿色工作中存在迟疑或处于被动状态。这实则反映了在国家科学发展观思想的指导以及绿色发展政策导向下，企业领导人已然认识到绿色发展的必要性，但经常抵不住短期利益的诱使。这在一定程度上说明企业领导人对绿色发展的认知和价值观存在短板，也从侧面验证了组织领导人在推进绿色工作中的重要影响力。二是"领头羊效应"差距的存在。部分企业管理者在绿色发展观的引领下积极推进绿色工作，但由于缺乏具体可行的指标体系导致企业无所适从，比如目标不明确、分工不清晰、员工不理解、制度不完善等。而在企业试图向外部其他企业学习时，又由于与标杆企业在资金、技术、设备以及人力资源素质方面差距过大，向外部的学习模仿被迫停滞不前。三是生存压力。生存压力尤其针对的是中小企业。中小企业作为中国经济发展的重要支撑，凭借其灵活性和聚焦性的特点对经济发展具有不可替代的作用。传统的经营管理以及运作方式已然成为惯例。就工作设计上而言，组织推进工作绿色化，需要中小企业对惯例进行修正甚至是颠覆。此过程所需要的企业新技术和新资金的投入远远超过企业的最大负荷。因此，中小企业选择维持现状，被动地应对绿色工作需要。总体而言，企业在推进工作绿色化时需要组织全方位协调进行，需要战略目标的指引、人力资源的支持、制度的规范、资金的支撑等方面的贯通融合。

（三）个体绿色认识和行为的契合程度

在个体的绿色认识和行为的调查中，不一致情形时常发生。根据调查，导致此现象的深层原因可以概括为以下三点：一是理念意识不足。绿色认识强度不足以让个体排除阻碍因素进而践行绿色举措。例如，有员工认为，会依据当时情景来决定最适合的行为，而此时适合的行为不一定是符合个体的绿色认知。此研究也再次说明从意识或感知为切入点研究员工的工作绿色化具有现实必要性。二是以自我为中心的绿色认识。根据受访者的反馈，在坚持自我的绿色认识和绿色行为时，常常以自我为中心，对周围人的影响力不足。此结论与本书前期的研究具有一致性，即将绿色行为响应分为自我约束与干预他人具有实践性。三是绿色行为的阻碍因素。受访者反映，在绿色行为的实施过程中，需要克服来自周围人的压力，需克服个体本身的惰性和惯性，验证了前文中参照群体和习惯便利偏好作为调节因素的选取具有较强的实践基础。

（四）工作绿色化的有效举措

在引导员工进行工作绿色化的有效举措中，主要集中在以下三点：一是文化塑造。文化作为企业软约束，对员工具有潜移默化的影响，而这种文化的形成需要时间的沉淀。二是培训和指导。针对员工存在的认识不明、目标不清的情形，企业应予以培训并发放清晰的指导手册，可以结合非绿色行为的可能性危害进行培训指导。绿色意识形成、认可到行为的产生、坚持需要企业不间断地予以指导和强化。三是考核体系修正。以考核促转变，用清晰的工作事实予以佐证。根据考核进行奖惩，以奖惩制度来强制规范员工行为。关于工作绿色化的举措建议，为后续研究管理干预提供了初步的指导。

总体而言，追踪调查所显示的结果几乎全部涵盖于本书前期所做的研究中，也再次表明前期扎根理论所提取的范畴达到理论饱和。

四、研究结论启示

本书基于员工个体感知和行为响应视角对工作绿色化进行研究，所得结论有助于促进员工的主动性绿色行为。根据本书研究结论及文献梳理部分的内容，可以得到如下几点启示：

第一，关于员工绿色知识并未涵盖在内。在本书的研究中，从模型的构建可以看到，绿色知识方面的内容并未包含在模型中。前文的文献梳理提出环保知识是促进绿色行为的重要因素，但是本书虽然在社会风气的测量部分对绿色知识的宣传有所涉及，但是模型中并未对员工自身的环保知识进行客观测评。这在一定程度上表明，员工基本上已然掌握绿色工作的相关知识，为工作的绿色化奠定了内在的知识基础。根据知信行理论，知识的具备是个体行为的基础。而知识转换为行为，则需要外在的条件来促成其转变。因此，可以认为本书中的社会、组织和个体因素则是促使知识转变为行为过程中的关键因素。

第二，绿色行为响应的差异。本书将绿色行为响应区分为自我约束和干预他人，实证检验证实了相关路径是成立的。但是，根据前文中绿色行为的研究观点，认为绿色行为在一定程度上具有自我损耗性，这一特点也为绿色行为的区分提供了基础，即自我损耗的存在使绿色行为存在自我和他人之分，也揭示了在员工绿色行为的驱动因素中，习惯便利偏好因素存在的合理性。

第三，个体心理活动的重要性。逻辑上而言，本书的研究证实了客观存在的因素通过个体的心理活动对个体行为产生影响，尤其是自发式个体行为。即个体行为由复杂的心理活动所支配，如果个体的内部心理过程越丰富，行为受心理活动影响的程度就越高。此结论对行为主义者提出了挑战，行为主义者非常重视外在因素或环境因素的作用，认为"感觉、认识、意向"等与思想、心理评价相关联的主观词汇不应该用来解释行为。但是本书的经验证据证明了个体心理活动在促成工作绿色化转变过程中的重要性，也对管理干预提供了参考依据。

第二节　管理建议

党的十九大明确提出中国经济由高速增长阶段转向高质量发展阶段。习近平总书记明确指出："标准决定质量，有什么样的标准就有什么样的质量，只有高标准才有高质量。"标准的设定是对高质量发展进行评价的基础。标准需要用来被遵守、不姑息、不将就才能实现高质量发展。高质量发展要实现平衡、充分和可持续发展，既包括客观获得也包括主观感受。绿色发展作为高质量发展的重要支撑，在实践过程中，有些环保标准是约束性质，是必须达到的，而也有一些标准是提倡性质，依赖于企业本身的自觉性。对中国国情而言，为解决就业问题，不能对违反绿色发展的企业进行"一刀切"。因此对具体工作中的绿色化问题，既需要企业遵守或积极探索明确的规范化的绿色标准，同时又需要员工个体提升主动性。本书的研究以企业员工为研究主体，以员工感知为切入点，分析员工对工作绿色化的认知和行为。一方面，员工作为重要生产要素，员工本身的绿色化追求能够在很大程度上确保企业投入的绿色化；另一方面，工作过程中的绿色化行为能调节或纠正既有的非绿色生产过程，用以保证生产过程的绿色化。实现生产投入和生产过程的绿色化，方可提升实现产出和消费绿色化的可能性，为整个社会的绿色发展奠定基础。

一、提升绿色工作敏感性

本书认为，工作过程中的绿色化，起源于员工对工作中绿色问题的感知。而绿色风气、组织促进、个体绿色经历对员工绿色感知存在显著的正向影响，即从社会层面、组织层面、个体层面三方面重视绿色工作进而培养个体对工作过程中绿色化问题的意识。中国对环境可持续性的承诺是明确的，相关的法律也反映了这一点，需要提升的是对法律的遵守。而在中国，忽略或藐视法规的代价相对其他国家而言又较低。因此，在法律规制措施无法触及的时候甚至缺位时，如果想实现工作绿色化则需全方位激活个体对绿色问题的重视。从简单回归分析结果来看，组织促进对绿色感知的影响较大，此研究结果也符合研究对象的身份属性。本书研究的对象是企业员工，是工作过程中的个体，工作过程中的个体更多地受到组织制度、组织规范、组织文化以及领导者行为的影响。比如内部人身份感知理论认为，处于特定情境下的个人将从个人和组织关系角度来评估其个人身份，以了解其在组织内的身份，即对"身份属性"进行判断。从员工和组织关系角度来理解内部人身份感知时，组织社会化的过程就是新员工逐步使自己的认识、态度、行为被组织其他成员所接受的过程，一旦建立了员工组织关系，员工的态度和行为就会开始符合群体规范（Knapp et al.，2014）。因此，在员工绿色感知的影响因素中，组织或企业作为员工隶属的团体，从员工进入组织伊始，首先，员工个体的认识就会受到组织制度规范等显性规定以及管理者行为等隐性提示的影响，也是员工从外部人转向内部人的身份转化过程，是提升组织认同过程，反映了个体对组织使命、愿景和目标的认可性（Miller et al.，2000）。其次，员工的身份存在多重性，个体在成为组织内部人之前的另一身份是社会人，个体不可避免地受到所属社会关系的影响，比如个体的生产、消费、娱乐等均受到社会氛围的影响。在中国倡导低碳环保、健康和谐的社会背景下，个体的认知必然受到所属社会的整体主流价值观导向的影响。最后，个体还具有独立属性，不同个体对同一事件具有不同的看法和反应。因此，个体的环保、健康经历的记忆清晰程度反映员工对该问题的重视程度。结合本书研究前期的访谈结果，员工对工作过程中存在的绿色问题，多数人认为工作绿色化非常有必要，但也有部分人认为环保问题是企业应考虑的问题；也有人认为是国家应该解决的问题；也有部分私营企业主认为企业存在的主要目的是盈利，在盈利的基础上才会考虑环保问题，而健康安全问题主要是由个体本身自由裁定；但也有部分企业高管表示，组织整体环保健康氛围非常强，企业已将保持清洁生产、安全健康生产打造成了企业的特色业务。可见，目前国内企业关于工作过程中的环境保护和安全健康的认知差异性较大，工作绿色化过程任重道远。因此，针对以上的问题，本书认为可以从以下四个方面来达到提升员工对工作绿色化问题敏感度的目的：

第一，加强组织绿色工作的落实。来自政府的政策压力和客户的需求压力作为两种重要的驱动因素，对企业采取绿色举措起到了强制和激励作用（Lee &

Klassen，2008）。但无论是强制还是激励，均需落实在具体的工作行为和实践中。因此，员工个体的具体行为模式至关重要。在研究员工的亲环境行为中，Deanne（2010）调查发现，工作场所是政府或非政府机构促进快速变革的重要支点，此研究结论与本书研究结果具有一致性。组织整体的氛围对员工工作态度、工作意识影响最大。在落实绿色工作时，组织应形成自上而下践行绿色工作的氛围，尤其是管理者或领导者应身体力行。企业是中国走绿色发展道路的主力军，而企业领导人的生态素养直接决定了企业走绿色道路的成败，应加强企业领导人的绿色教育，培养绿色意识（秦书生等，2015）。在此必须直面一个问题，绿色发展是对"非绿"发展的一个修正。企业绿色经营同样也是对传统"非绿"经营的批判。企业具有逐利性，可能会为了短期的生存而忽略或无视整个社会的长久性。赵建军（2012）从哲学的价值观视角认为，资本价值增值的需要不仅造成了人与人的矛盾，也带来了人对自然的人为需求，是人与自然矛盾的根源，只有扬弃资本的劳动方式才能实现"绿色发展"。但是资本由于其发展生产力的优势，妄谈"消灭资本"是荒谬的。因此，在尊重企业逐利的基础上，应将企业对员工、社会、地球的责任纳入企业的运营目标中，既满足企业经营的资本所需，又满足企业其他利益相关者的需求。除企业经营的战略目标之外，在企业经营的具体行为过程中，更为重要的是建立组织的执行和监督长效机制。

第二，组织应通过制度性的约束来规范员工的行为，尤其是对塑造新入职员工行为而言。硬性的制度规定增强了员工对环保问题、安全健康问题的了解和重视，使其意识到工作绿色化的必要性和紧迫性，从而加深对工作绿色化的认识，此硬性规定既依赖于领导层的重视又依赖于对规章制度的落实。

第三，就社会总体而言，培养社会整体对绿色化问题的重视。通过媒体宣传、教育引导，加强个体的环保责任感和安全健康紧迫感。解决环保问题不可将责任仅归咎于国家、社会或是企业，环保问题应是每个人的责任。安全健康问题是促使个体长期可持续发展的关键，在工作中，安全理念则是安全生产的灵魂（赵素芳，2015）。通过媒体宣传和教育对健康工作、健康生活实施干预，全方位增强广大民众的社会责任感、生态文明意识及健康保护意识。例如使用智能手机的 App 推送消息，使用者可以意识到并帮助个体加强体育锻炼（Harries et al.，2013）。因此借助各类 App，设置绿色问题相关的小游戏或知识问答，通过提高个体的参与感逐渐培养个体对绿色工作的认识，以外部氛围规范个体认知。如此通过日常积累培养社会全员的绿色追求。

第四，就个体而言，个体所经历的环保、健康问题会触动个体的内心，对工作绿色化问题越敏感，则绿色感知水平就会越高。例如，Chen（2017）研究认为，人们对环境的关注越多，越有可能形成环境动机行为。而如果是政府的责任划分，则通常会导致经济动机行为。诚然结果都有利于环境，但由内在动机激发的主动性的行为更具有长久性。此外，应鼓励个体积极地对涉及的环保问题、健康问题向相关部门进行举报。相关部门应针对这些问题建立积极反馈机制，提升员工参与社会问题的积极性。同时，当员工个体存在疑惑或犹豫时，适时的肯定或支持能给予个体正确的导向，因此管理者有必要进行适时干预。

二、增强绿色个体规范和行为意向

通过前文的量化分析得知，作为员工的内在的绿色感知对绿色行为响应的影响是通过多路径得以实现的。绿色感知需经过个体规范、行为意向方可对绿色行为响应产生影响。同时，结合本书前期对不同行业员工和管理者的访谈调研结果，目前在各类企业中，员工对绿色工作的规范存在如下问题：工作职责未明确要求绿色工作的范畴和界限，绿色工作目标不清晰，组织层面尚未形成明确的标准；认为经济绩效应该优先，绿色绩效或绿色工作是完成经济目标后考虑的问题；认为不重视绿色工作也无可厚非，因为重要的他人不会因为绿色工作而降低对自己的评价。总体而言，员工在绿色行为方面存在责任意识不足和责任归属的意识偏差。在绿色行为意向方面，访谈调研结果显示：绿色工作会改变现在已经习惯的工作方式，比如阅读纸质文件改为使用电子文件，产品开发过程中注重实验结果而不重视实验过程造成的水、土地污染等，类似的行为改变使员工不愿意落实绿色行为；行为结果不清晰或者未与个人工作成果挂钩，员工也不愿意实施绿色工作，或者员工个体从利己的角度认为，绿色工作是一种利于组织、利于社会的行为，与员工自身关系甚微等。针对工作绿色化中个体规范、行为意向存在的问题，本书提出以下五点建议：

第一，根据Harland等（2007）在运用规范激活理论研究亲环境行为影响因素时所得出的观点，个体效能和能力对个体规范有显著影响。在对效能的测量中，该研究使用诸如"使用公共交通有助于形成良好的环境"；能力的测量使用诸如："如果我愿意，接下来的六个月里我将多大程度上使用公共交通"。根据该研究的启示并结合本书的研究成果，认为增强员工的效能感和能力，有助于增强员工的个体规范程度，即向个体展示绿色工作带来的可能效果以及提升个体绿色工作的道德责任感。因此，可以在企业开展全员普及式培训，对过去所形成的相对固定的认知进行重构，增强员工的个人责任感，树立人人有责任的责任氛围。个体规范在工作绿色化过程中的重要性为未来企业环保健康教育提供了明确指向，加强了员工绿色工作的责任感以及与组织良性互动的道德义务。

第二，在组织内宣传变革的即时性，即通过组织的制度、会议等形式传达变化无处不在的思想。打破员工已经习惯的固定的工作模式，摒除绿色工作的落实过程中习惯便利偏好的阻碍作用。

第三，组织应明确绿色工作带来的益处，并将绿色工作结果与个体的薪酬、奖励、晋升等员工关心或在意的目标相挂钩，形成组织和个体联动的机制，从而保证绿色工作有起点无终点式的经济绩效和绿色绩效共同发展的氛围。根据斯金纳的操作条件反射理论，人的行为不是先天的，而是后天习得的。在具体的行为后如果提供令人满意的结果，会激发该行为发生的概率。因此，明确绿色工作益处，无论是社会益处、企业益处还是个体益处，都可能增强个体对该行为的认可以及实践可能性。

第四，惩戒机制必不可少。绿色工作无论从环保还是健康角度皆是促进企业、个人可持续发展的方式。现实工作中，安全上的疏忽或对工作现场危险防范意识的缺乏都增加了员工受伤的可能性，从而导致大量的人身事故。在资源使用和环境保护方面，责任的不明确或忽视带来的推诿使环境污染时有发生。针对持有"无所谓"态度或抱有侥幸心理且常常在组织制度边界试水的员工来说，组织应建立明确严格的惩戒制度。从强化理论来说，惩罚机制能减少类似不受欢迎行为的发生，因而可以用惩戒来纠正部分员工的行为。提升员工的学习能力，通过职业学习能力的提升，也可以用来降低外界的影响（王才等，2019），例如，对非绿色行为的摒弃。借鉴 AMO 理论的观点，对人力资源的管理需要增加员工自由裁量权利的动机，如奖励、工作保障等，增强员工积极参与绿色行为的意愿。而惩戒则是减少"非绿色"行为的动机。

第五，重视价值观重塑或引导，尤其是重视利他型价值观的塑造，通过提升员工素质和认知来塑造员工利他型价值观。De Groot 和 Steg（2009）认为，利他主义是引起亲环境行为的稳定因素，增强利他主义来促进亲环境行为非常重要。价值观的塑造并不是一蹴而就的，每个个体都具有已经成型的价值体系。因此，在价值观引导方面需要做好长久性准备，从整个社会、企业、学校等方面推进对利他价值选择的积极评价。在企业内、行业内甚至跨行业间建立员工跳槽时的绿色意识评价体系互任机制，提升员工绿色工作意愿。

三、注重行为的落实

本书将员工的绿色行为分为自我约束行为和干预他人行为。在具体绿色行为的实践过程中，根据前期的访谈调查发现，员工的绿色行为多表现为参考他人的行为或者模仿周围人的行为。比如通过访谈发现，当生产小组所有成员都严格遵守安全生产规范，无人违规时，单独个体也不太可能违反安全生产规则。但当出现个别人员违反规定操作且并未受到任何惩戒或批评时，就会出现其他个体效仿的事件，进而个体的越轨式行为就会产生连锁效应，久而久之安全生产规则就形同虚设；被调查者还认为个体素质不同，当严于律己的个体自愿主动地提醒他人注重绿色工作时，会被他人认为是"多管闲事"，因此本着"各人自扫门前雪"的心态难以形成整体的绿色行为。

工作的绿色化是一个认识逐步深化、行为逐步绿色的过程，最终目的是达到绿色工作状态。比如 Miller 和 Haslam（2009）认为，员工在实施健康行为时，健康不属于企业责任的认知经常阻碍健康行为的实现。因此在工作绿色化过程中，行为改变的影响因素众多。Bamberg（2013）运用行动阶段模型，并与计划行为理论和规范激活模型相结合，研究了个体行为改变的过程。该研究认为目标倾向、行为倾向、实施倾向是产生新行为的基础。因此，为了使员工的行为能向着绿色化转变，结合本书研究的综合结论，提出以下三项提升绿色行为的策略：

第一，建立奖励团体绿色行为的制度。对组织各个部门、各个团队设立绿色行为指标和标准。如此，团队内形成绿色工作的常态化，那么个体工作的主要参照群体绿色水平就能得到提升，对个体行为产生督促作用。而且对于企业而言，积极推进绿色奖励进而实施绿色管理也会给企业带来利得。研究认为，积极环境管理和组织的财务绩效统计上显著正相关，在积极环境管理对组织财务绩效的贡献中，绿色人力资源管理有着正向的关键的作用（O'Donohue & Torugsa，2016）。

第二，鼓励"各人自扫门前雪"。在组织绿色工作落实过程中，工作绿色化实则是一系列不断创新、不断提升的过程。当员工具备一定的认知水平后，组织应鼓励个体"各人自扫门前雪"，专注于自我工作领域的绿色化。此鼓励举措并非提倡所谓的自私自利，而是一种个体"自扫"汇聚成"众扫"的过程。只有每个个体都采取绿色行为，整个群体方可实现绿色行为，参照群体就会形成对个体的促进因素。

第三，鼓励社会各界宣传绿色行为典型事迹，形成组织外部参照群体示范带头作用。通过参与社会义务活动或组织内部培训，培养一批绿色工作典范，尤其是将在组织或团队内具有较强权威的人员培养成绿色工作榜样。通过对榜样或典范的长期物质激励或精神激励，使其养成绿色工作惯例。在榜样或典范的影响下，增强绿色工作行为的追随效应。从国家政策法律层面来说，"十三五"规范对淘汰落后产能的政策引导，劳动法对劳动者权益的保护都奠定了员工绿色工作的宏观环境，但在微观层面的落实过程中则意识不足。因此，需要整个社会自上而下形成绿色工作风气，可参照"光盘行动"行为的模式，树立绿色工作风尚。整个社会成为一个较大的参照群体，督促个体，无论是组织内部人还是组织外部人都能感受到绿色工作的氛围。

第三节　本书的主要贡献

本书通过理论研究和实证检验，目的在于实现理论创新和指导管理实践。本书将质性研究和量化研究相结合，一方面从员工对绿色感知的角度，融合实践和理论成果，阐述了个体绿色行为产生的机制，从心理认知方面阐明了工作绿色化的过程；另一方面对人力资源管理实践而言，在于指导管理者应注重员工对管理实践的感知，从而达到干预员工行为的目的。正如托尔曼的认知行为主义理论所言，他不同意将情境与反应之间看成是直接的联系，他认为有中介变量把两者联系起来，而此中介变量便是心理过程。本书证实了在情境（社会、组织、个体）与反应（绿色行为）间存在多个心理过程因素（绿色感知、个体规范、行为意向）将两者进行链接。具体而言，本书主要贡献表现在如下几点：

第一，明晰了员工绿色感知的内涵和维度特征。基于员工感知视角对工作绿色化进行研究是本书的基础。本书基于文献理论部分所存在的对"绿色"的不同见解和观点，认为对绿色的认识存在较为宽泛的理解，外延性较强。因此，本书从员工视角分析其对工作绿色化的看法和观点，认为工作中的"绿色"表现为对工作环境中环保和健康问题的自我重视，并据此将员工绿色感知分为绿色观念、绿色察觉和绿色可行性。同时，员工对绿色的认识与前文中关于"绿色人"的理解存在共同之处，表明前文所阐述的研究中对"绿色人""绿色劳动"的认识符合员工个体的内在追求。需要关注的是在关于工作生活品质的研究中，Cascio（1998）认为，工作生活品质是员工对自身身心健康状态的看法，包括员工参与、工作发展、冲突解决、沟通、健康、工作保障、平等报酬、环境安全以及与工作相关的自豪感。此观点几乎涵盖了与工作相关的所有因素。本书的绿色工作则是对其中部分观点的提炼和明确，比如健康、环境安全等。总体而言，本书既有研究根基又有自我见解，既继承了以往绿色人力资源管理研究中关于绿色的环保含义，同时也认为人力资源本身的健康、安全应纳入绿色范畴，目的是通过企业员工实践对物质资源（原材料、自然环境）和人力资源进行持续、健康经营，建立绿色企业，达到绿色发展。

第二，证实了计划行为理论与规范激活理论的结合是成立的。计划行为理论认为行为意向产生的前提是行为态度、主观规范和知觉行为控制。规范激活理论认为行为产生的前因是个体规范。本书模型将二者进行了部分结合，证实个体规范不仅能引起行为的发生，而且个体规范也能提升行为意向，即在规范激活理论模型基础上引入了行为意向变量。

第三，修改了价值—信念—规范理论的路径。该理论认为价值取向是信念的前提，由信念引起个体规范。本书引入绿色感知的概念，绿色感知作为个体对客观事物的认识和评价，感知的结果会引起个体规范。本书认为绿色感知对个体规范有直接的正向影响。此外，本书进一步向后追溯，对包含价值观内涵在内的绿色感知前因变量进行分析。阐述了社会风气、组织因素和个体因素对绿色感知的影响，最终形成了客观因素（社会、组织、个体）、感知、个体规范的路径。

第四，构建了绿色感知和行为响应测量量表。首先，本书结合扎根理论和实证研究结论，明确了员工视角的绿色感知内容和结构，且提供了可供参考的测量工具。其次，对绿色行为响应的结构进行划分，认为绿色行为响应分为自我约束行为和干预他人行为。在感知和行为的研究过程中，以往的研究表明，安全意识可以帮助员工遵守安全相关的规则和程序，从而确保在工作场所采取预防措施（Chughtai，2015）。在工作场所帮助和支持他人能够提高同事的安全知识和积极性，从而对安全绩效有积极作用（Guo et al.，2016）。两种安全行为都有助于实现安全绩效。本书则以包含安全健康意识在内的绿色感知为立足点，形成了包含自我约束行为和干预他人行为在内的绿色行为，也阐明从绿色感知到绿色行为的复杂路径，为更好地认识和理解员工工作绿色化提供了具有价值的理论借鉴。

第四节　本书的研究不足及研究展望

本节主要对研究中存在的不足进行分析和反思，并据此提出本书研究议题未来可能的研究思路，以期对未来研究有所启示。

一、研究不足

（一）因素选择的局限

由于国内外对员工感知视角的绿色问题研究较少，本书主要依据扎根理论的质性研究结果提炼出了员工对绿色问题的认识以及对影响因素的认知。虽然扎根理论所获得的结果具备一定的本土性，但扎根理论受到人数、区域等客观因素的影响，其分析结果可能不能穷尽所有，因而对绿色问题的认识可能存在一定的不全面性。同时，扎根理论分析主要是一种主观分析，对工作绿色化中绿色感知的前因及后续路径均出自研究者的主观编码，并未使用 Nvivo 专用软件进行分析。主观编码可能会带来范畴确定阶段的差异，从而导致结果客观性欠缺。

（二）截面数据信息不足

就问卷的形成过程而言，问卷的题项一方面是在参阅他人研究成果基础上进行改编而形成，另一方面也存在自行设定的题项。虽然在研究过程中题项经过了检验，但是问卷题项较多，可能存在精简题项的可能性。本书通过调查所获得的数据是横截面数据，虽然在前期研究中通过参阅文献并结合质性研究结论将所有可能影响因素涵盖在内，但是截面数据本身特性决定了其不能提供个体的动态行为信息，无法反映个体感知和行为的动态变化过程。

二、研究展望

根据本书在研究分析过程中的问题以及对研究主题的思考，本书对进一步的研究提出如下展望：

第一，行为结果的分析。本书的研究聚焦在行为产生的机制上，并未对行为的影响结果进行分析。就组织层面而言，企业既关注工作过程又关心工作结果，甚至部分企业更关注工作结果，因此管理层可能对工作行为的结果研究关注度更高。比如 AMO 理论关注员工的工作绩效，侧重通过人力资源管理实践影响员工的工作能力、意愿和机会来实现企业目标，也可以用来解释个体行为。因此，未来可以依据该理论，尝试通过连续跟踪调查，通过面板数据对行为产生的结果进行分析，比如个体目标、组织绩效、社会绩效等，至此也可以形成一个完整的体系。而在达成组织绩效、社会绩效目标后，行为结果的肯定和认可又可进一步增强员工对此问题的赞同，从而形成员工行为和组织绩效、社会绩效等的良性循环。

第二，随着对绿色化问题认识的深入，还可尝试使用更为客观的质性研究数据收集方法。如采用现场观察法，以第三者的客观视角来收集资料，更为深入地了解企业员工在工作场所的行为表现，可更为客观地解释工作绿色化的内在机制和影响因素。此外，就研究过程而言，未来可以进行结构化研究，如在本书研究过程中，个体经历的正反方面作为统一连续变量处理，但是正反经历的作用力可能存在差别，对绿色感知影响大小的揭示可进一步明晰正面事件和反面事件对个体工作绿色化过程中的差异。

第三，本书将社会、组织、个体因素作为影响绿色感知前因因素进行建模分析，而组织促进在规范员工行为方面发挥着巨大作用。所以可以对组织促进在模型中的调节作用进行进一步研究，探讨在影响感知的过程中，组织促进在感知和行为响应过程中所发挥的作用。同时结合企业实践，组织促进的强弱在相同的社会背景下的差异影响也值得进一步探讨，用以揭示个体感知的能动作用。

第五节　本章小结

本章结合前文实证分析中基于员工绿色感知和行为响应视角对工作绿色化研究的结论，根据工作绿色化的路径机制以及访谈过程中所反映的问题进行了讨论和分析。同时，分别围绕社会、组织、个体三方面提出了对感知、个体规范、行为意向以及落实绿色行为的措施。但是应该注意到，感知和行为响应实际是一个链接式的过程，相关的建议和措施对此过程的影响也并非是完全分离的，比如组织的奖惩措施在提升员工绿色感知敏感性的同时，也在一定程度上会增强个体行为的约束。因此，虽然在理论上是有针对性的，但在实际执行中应从整体进行理解。此外，对本书研究的不足以及未来进一步的研究方向进行展望，以期未来对本主题的研究和分析更加深入和全面。

参考文献

［1］Ab Hamid, M. R. , W. Sami &M. H. Mohmad Sidek. Discriminant Validity Assessment: Use of Fornell & Larcker Criterion versus HTMT Criterion ［J］. Journal of Physics: Conference Series, Vol. 890, 2017.

［2］Abrahamse, W. , L. Steg, R. Gifford, et al. Factors Influencing Car Use for Commuting and the Intention to Reduce It: A Question of Self – interest or Morality? ［J］. Transportation Research, Vol. 12, 2009.

［3］Ackermann, K. F. Exploring Green Human Resource Management: Knowledge – based State of the Art ［J］. Human Resource Management / Zarzadzanie Zasobami Ludzkimi, Vol. 119, 2017.

［4］Anitei, M. , V. Burtăverde, T Mihăilă, et al. Differences in Perception of Work Related Stressor, Physical and Mental Health between a Beauty Company and a Design, Consultancy and Management in Transport Infrastructure Company ［J］. Procedia – Social and Behavioral Sciences, Vol. 128, 2014.

［5］Azjen, I. Residual Effects of Past on Later Behavior: Habituation and Reasoned Action Perspectives ［J］. Personality & Social Psychology Review, Vol. 6, 2002.

［6］Bamberg, S. Changing Environmentally Harmful Behaviors: A Stage Model of Self – regulated Behavioral Change ［J］. Journal of Environmental Psychology, Vol. 34, 2013.

［7］Bamberg, S. , H. Marcel & B. Anke. Social Context, Personal Norms and the Use of Public Transportation: Two Field Studies ［J］. Journal of Environmental Psychology, Vol. 27, 2007.

［8］Banerjee, S. B. , E. S. Iyer & R. K. Kashyap. Corporate Environmentalism: Antecedents and Influence of Industry type ［J］. Journal of Marketing, Vol. 67, 2003.

［9］Barney, J. Firm Resources and Sustained Competitive Advantage ［J］. Advances in Strategic Management, Vol. 17, 1991.

［10］ Bohdanowicz, P., P. Zientara & E. Novotna. International Hotel Chains and Environmental Protection: An Analysis of Hilton's We Care! Programme (Europe, 2006 – 2008) ［J］. Journal of Sustainable Tourism, Vol. 19, 2011.

［11］ Brown, R. L. & H. Holmes. The Use of a Factor Analytic Procedure for Assessing the Validity of an Employee Safety Climate Model ［J］. Accident Analysis and Prevention, Vol. 18, 1986.

［12］ Cascio, W. F. Managing Human Resources: Productivity, Quality of Work Life, Profits ［M］. New York: McGraw Hill, 1998.

［13］ Chen, Y. Practice of Environmentally Significant Behaviours in Rural China: From Being Motivated by Economic Gains to Being Motivated by Environmental Considerations ［J］. Behavioral Sciences, Vol. 7, 2017.

［14］ Chen, Y. S. The Positive Effect of Green Intellectual Capital on Competitive Advantages of Firms ［J］. Journal of Business Ethics, Vol. 77, 2008.

［15］ Chughtai, A. A. Creating Safer Workplaces: The Role of Ethical Leadership ［J］. Safety Science, Vol. 73, 2015.

［16］ Daily, B. F., J. W. Bishop & N. Govindarajulu. A Conceptual Model for Organizational Citizenship Behavior Directed Toward the Environment ［J］. Business & Society, Vol. 48, 2009.

［17］ Dalvi – Esfahani, M., T. Ramayah & A. A. Rahman. Moderating Role of Personal Values on Managers' Intention to Adopt Green Is: Examining Norm Activation Theory ［J］. Industrial Management & Data Systems, Vol. 117, 2017.

［18］ Danner, U. N., H. Aarts & N. K. de Vries. Habit vs. Intention in the Prediction of Future Behaviour: The Role of Frequency, Context Stability and Mental Accessibility of Past Behavior ［J］. British Journal of Social Psychology, Vol. 47, 2008.

［19］ De Groot, J. I. M. & L. Steg. Morality and Prosocial Behavior: The Role of Awareness, Responsibility, and Norms in the Norm Activation Model ［J］. The Journal of Social Psychology, Vol. 149, 2009.

［20］ De Groot, J. I. M. & L. Steg. Mean or Green: Which Values Can Promote Stable Pro – Environmental Behavior? ［J］. Conservation Letters, Vol. 2, 2009.

［21］ Deanne, L. Employee Pro – environmental Behaviors: Workplace Culture as a Driver for Social Change". ［J］. Victoria: Royal Roads University, 2010.

［22］ Delmas, M. A. & M. W. Toffel. Organizational Responses to Environmental Demands: Opening the Black Box ［J］. Strategic Management Journal, Vol. 29, 2008.

［23］ Diamantopoulos, A., B. B. Schlegelmilch, R. R. Sinkovics et al. Can Socio – demographics Still Play a Role in Profiling Green Consumers? A Review of the Evidence and An Empirical Investigation [J]. Journal of BusinessResearch, Vol. 56, 2003.

[24] Deutsch, M. &H. B. Gerard. A Study of Normative and Informational Social Influences Upon Individual Judgement [J]. Journal of Abnormal Psychology, Vol. 51, 1955.

[25] Dumont, J. , J. Shen & X. Deng. Effects of Green HRM Practices on Employee Workplace Green Behavior: The Role of Psychological Green Climate and Employee Green Values [J]. Human Resource Management, Vol. 56, 2017.

[26] Dunlap, R. E. & K. D. Van Liere. The " New Environmental Paradigm" [J]. The Journal of Environmental Education, Vol. 40, 2008.

[27] Ehnert, I . Sustainability and Human Resource Management: Reasoning and Applications on Corporate Websites [J]. European Journal of International Management, Vol. 3, 2009.

[28] Ellen, V. W. , L. Steg& K. Keizer. It is a Noral Issue: The Relationship between Environmental Self – identity, Obligation – based Intrinsic Motivation and Pro – environmental Behavior [J]. Global Environmental Change, Vol. 23, 2013.

[29] Esfahani, M. D. , A. A. Rahman & N. H. Zakaria. Green IT/IS Adoption as Corporate Ecological Responsiveness: An Academic Literature Review [J]. Journal of Soft Computing and Decision Support Systems, Vol. 2, 2015.

[30] Eurenius, E. & C. H. , Stenström. Physical Activity, Physical Fitness, and General Health Perception among Individuals with Rheumatoid Arthritis [J]. Arthritis & Rheumatology, Vol. 53, 2005.

[31] Foote, D. A. , S. J. Seipel, N. B. Johnson, et al. Employee Commitment and Organizational Policies [J]. Management Decision, Vol. 43, 2005.

[32] Franke, F. , J. Felfe &A. Pundt. The Impact of Health – oriented Leadership on Follower Health Development and Test of a New Instrument Measuring Health – promoting Leadership [J]. Zeitschrift für Personal forschung, Vol. 28, 2014.

[33] Fransson, N. & T. Garling. Environmental Concern: Conceptual Definitions, Measurement Methods, and Research Findings [J]. Journal of Environmental Psychology, Vol. 19, 1999.

[34] Gardner, T. M. , P. M. Wright & L. M. Moynihan. The Impact of Motivation, Empowerment, and Skill – enhancing Practices on Aggregate Voluntary Turnover: the Mediating Effect of Collective Affective Commitment [J]. Personnel Psychology, Vol. 64, 2011.

[35] Gavin, J. F. Employee Perceptions of the Work Environment and Mental

Health: A Suggestive Study [J]. Journal of Vocational Behavior, Vol. 6, 1977.

[36] Greenwood, M. R. Ethics and HRM: A Review and Conceptual Analysis [J]. Journal of Business Ethics, Vol. 36, 2002.

[37] Guerci, M. , A. Longoni&D. Luzzini. Translating Stakeholder Pressures into Environmental Performance – the Mediating Role of Green HRM Practices [J]. International Journal of Human Resource Management, Vol. 27, 2016.

[38] Griffin, M. A. &A. Neal. Perceptions of Safety at Work: A Framework for Linking Safety Climate to Safety Performance, Knowledge, and Motivation [J]. Journal of Occupational Health Psychology , Vol. 5, 2000.

[39] Grønhøj, A. & J. Thøgersen. Like Father, Like Son? Intergenerational Transmission of Values, Attitudes, and Behaviours in the Environmental Domain [J]. Journal of Environmental Psychology, Vol. 29, 2009.

[40] Guagnano, G. A. , P. C. Stern & T. Dietz. Influences on Attitude – behavior Relationships: A Natural Experiment with Curbside Recycling [J]. Environment and Behavior, Vol. 27, 1995.

[41] Guldenmund, F. The Nature of Safety Culture: A Review of Theory and Research" . [J]. Safety Science, Vol. 34, 2000.

[42] Guo, B. H. , T. W. Yiu &V. A. Gonzalez. Predicting Safety Behavior in the Construction Industry: Development and Test of An Integrative Model [J]. Safety Science, Vol. 84, 2016.

[43] Gyekye, A. S. & S. Salminen. Educational Status and Organizational Safety Climate: Does Educational Attainment Influence Workers' Perceptions of Workplace Safety? [J]. Safety Science, Vol. 47, 2009.

[44] Han, H. The Norm Activation Model and Theory – broadening: Individuals' Decision – making on Environmentally – responsible Convention Attendance [J]. Journal of Environmental Psychology, Vol. 40, 2014.

[45] Harland, P. , H. Staats & H. A. M. Wilke. Situational and Personality Factors as Direct or Personal Norm Mediated Predictors of Pro – environmental Behavior: Questions Derived From Norm – activation Theory [J]. Basic and Applied Social Psychology, Vol. 29, 2007.

[46] Harries, T. , P. Eslambolchilar, C. Stride, et al. Walking in the Wild – Using an Always – On Smartphone Application to Increase Physical Activity [J]. International Federation for Information Processing Conference on Human – Computer Interaction. Springer, Berlin, Heidelberg, 2013.

[47] Hart, S. L. & G. Dowell. A Ntural – resource – based View of the Firm: Fif-

teen Years After [J]. Journal of Management, Vol. 37, 2011.

[48] Hassan, R. & V. Fredy. Customer Perception of Green Advertising in the Context of Eco – Friendly FMCGs [J]. Contemporary Management Research, Vol. 12, 2016.

[49] Hayes, A. F. Introduction to Mediation, Moderation, and Conditional Process Analysis: A Regression – based Approach [J]. Journal of Educational Measurement, Vol. 51, 2013.

[50] Hemingway, C. A. & P. W. Maclagan. Managers' Personal Values as Drivers of Corporate Social Responsibility [J]. Journal of Business Ethics, Vol. 50, 2004.

[51] Hopper, J. R. & J. M. Nielsen. Recycling as Altruistic Behavior: Normative and Behavioral Strategies to Expand Participation in a Community Recycling Program [J]. Environment and Behavior, Vol. 23, 1991.

[52] Jabbour, C. J. C. , A. B. L. S. Jabbour, K. Govindan, et al. Environmental Management and Operational Performance in Automotive Companies in Brazil: the Tole of Human Resource Management and Lean Manufacturing [J]. Journal of Cleaner Production , Vol. 47, 2013.

[53] Jackson, S. E. & J. Seo. The Greening of Strategic HRM Scholarship [J]. Organization Management Journal, Vol. 7, 2010.

[54] Jun, D. G. & W. S. Jeong. A Study on Clothing Behavior and Health Perception according to Physical Activity Adherence and Climate Adaptability [J]. The Korean Journal of Community Living Science, Vol. 23, 2012.

[55] Kallgren, C. A. , R. R. Reno & R. B. Cialdini . A Focus Theory of Normative Conduct: When Norms Do and Do not Affect Behavior [J]. Personality and Social Psychology Bulletin, Vol. 26, 2000.

[56] Kerr. S. & J. M. Jermier. Substitutes for Leadership: Their Meaning and Measurement [J]. Organizational Behavior and Human Performance, Vol. 22, 1978.

[57] Kim, S. H. &Y. Choi. Hotel Employees' Perception of Green Practices [J]. International Journal of Hospitality & Tourism Administration, Vol. 14, 2013.

[58] Kim, Y. J. , W. G. Kim, H. M. Choi, et al. The Effect of Green Human Resource Management on Hotel Employees' Eco – friendly Behavior and Environmental Performance [J]. International Journal of Hospitality Management, Vol. 76, 2019.

[59] Klöckner, C. A. & E. Matthies. How Habits Interfere with Norm – directed Behaviour: A Normative Decision – making Model for Travel Mode Choice [J]. Journal of Environmental Psychology, Vol. 24, 2004.

[60] Knapp, J. R. , B. R. Smith&T. A. Sprinkle. Clarifying the Relational Ties of

Organizational Belonging: Understanding the Roles of Perceived Insider Status, Psychological Ownership, and Organizational Identification [J]. Journal of Leadership & Organizational Studies, Vol. 21, 2014.

[61] Koenig – Lewis, N. , A. Palmer, J. Dermody, et al. Consumers' Evaluations of Ecological Packaging – Rational and Emotional Approaches [J]. Journal of Environmental Psychology, Vol. 37, 2014.

[62] Kozak, M. , J. C. Crotts &R. Law. The Impact of the Perception of Risk on International Travelers [J]. International Journal of Tourism Research, Vol. 9, 2007.

[63] Kramar, R. Beyond Strategic Human Resource Management: is Sustainable Human Resource Management the Next Approach? [J]. The International Journal of Human Resource Management, Vol. 25, 2014.

[64] Kwon, O. J. & Y. S. Kim. An analysis of safeness of work environment in Korean manufacturing: The "safety climate" perspective [J]. Safety science, Vol. 53, 2013.

[65] Lee, K. The Rote of Media Exposure, Social Exposure and Biospheric Value Orientation in the Environmental Attitude – Intention – Behavior Model in Adolescents [J]. Journal of Environmental Psychology, Vol. 31, 2011.

[66] Lee, S. Y. & R. D. Klassen. Drivers and Enablers that Foster EMCs in Small – and Medium – Sized Suppliers [J]. Production and Operations Management, Vol. 17, 2008.

[67] Li, J. , J. Huang, Z. Liu, et al. The Effects of Employee Training on the Relationship between Environmental Attitude and Firms' Performance in Sustainable Development [J]. International Journal of Human Resource Management, Vol. 23, 2012.

[68] Li, J. , S. J. Hartman & S. M. L. Zee. A Study of Green Movement Perceptions and Behavioural Intentions [J]. International Journal of Sustainable Economy, Vol. 1, 2009.

[69] Liang, H. , N. Saraf, Q. Hu, et al. Assimilation of Enterprise Systems: the Effect of Institutional Pressures and the Mediating Role of Top Management [J]. MIS Quarterly, Vol. 31, 2007.

[70] Lindenberg, S. & L. Steg. Normative, Gain and Hedonic Goal Frames Guiding Environmental Behavior [J]. Journal of Social Issues, Vol. 63, 2007.

[71] Linnan, L. , B. Weiner, A. Graham, et al. Manager Beliefs Regarding Worksite Health Promotion: Findings from the Working Healthy Project [J]. American Journal of Health Promotion, Vol. 21, 2007.

[72] Liphadzi, S. M. & A. P. Vermaak. Assessment of Employees' Perceptions of Approaches to Sustainable Water Management by Coal and Iron Ore Mining Companies [J]. Journal of Cleaner Production, Vol. 153, 2017.

[73] Maloney, M. P., M. P. Ward & G. N. Braucht. A Revised Scale for the Measurement of Ecological Attitudes and Knowledge [J]. American Psychologist, Vol. 30, 1975.

[74] Mansoor, A., S. Jahan &M. Riaz. Does Green Intellectual Capital Spur Corporate Environmental Performance through Green Workforce? [J]. Journal of Intellectual Capital, ahead – of – print, 2021.

[75] Marquart – Pyatt, S. T. Contextual Influences on Environmental Concerns Cross – Nationally: A Multilevel Investigation [J]. Social Science Research, Vol. 41, 2012.

[76] Martínez – Cruz A. L. & H. M. Núez. Tension in Mexico's Energy Transition: Are Urban Residential Consumers in Aguascalientes Willing to Pay for Renewable Energy and Green jobs? [J]. Energy Policy, Vol. 150, 2021.

[77] Matthes, J., A. Wonneberger & D. Schmuck. Consumers' Green Involvement and the Persuasive Effects of Emotional versus Functional Ads [J]. Journal of Business Research, Vol. 67, 2014.

[78] Mehtab – un – Nisa, A. Mahmood, M. A. Sandhu, et al. The Effect of Green HRM Practices on Sustainability: Evidence from Manufacturing Companies in Pakistan [J]. Pakistan Journal of Social Sciences, Vol. 36, 2016.

[79] Meijinders, A. L., C. J. H. Midden &H. A. M. Wilke. Communications about Environmental Risks and Risk – reducing Behavior: the Impact of Fear on Information Processing [J]. Journal of Applied Social Psychology, Vol. 31, 2001.

[80] Meyer, H. H., E. Kay& J. R. P. French. Split Roles in Performance Appraisal [J]. Harvard Business Review, Vol. 43, 1965.

[81] Mida, S. H. [J]. Factors Contributing in the Formation of Consumers' Environmental Consciousness and Shaping Green Purchasing Decisions [R]. International Conference on Computers and Industrial Engineering, 2009.

[82] Miller, P. & C. Haslam. Why Employers Spend Money on Employee Health: Interviews with Occupational Health and Safety Professionals from British Industry [J]. Safety Science, Vol. 47, 2009.

[83] Miller, V. D., M. Allen, M. K. Casey, et al. Reconsidering the Organizational Identification Questionnaire [J]. Management Communication Quarterly, Vol. 13, 2000.

［84］Milliman, J. Leading – Edge Green Human Resource Practices: Vital Components to Advancing Environmental Sustainability ［J］. Environmental Quality Management, Vol. 23, 2013.

［85］Molla, A. , A. Abareshi & V. Cooper. Green IT Beliefs and Pro – environmental IT Practices among IT Professionals ［J］. Information Technology & People, Vol. 27, 2014.

［86］Neal, A. &M. A. Griffin. A Study of the Lagged Relationships among Safety Climate, Safety Motivation, Safety Behavior, and Accidents at the Individual and Group Levels ［J］. Journal of Applied Psychology, Vol. 91, 2006.

［87］Nordlund, A. M. & J. Garvill. Effects of Values, Problem Awareness, and Personal Norm on Willingness to Reduce Personal Car Use ［J］. Journal of Environmental Psychology, Vol. 23, 2003.

［88］Norton, T. A. , H. Zacher &N. M. Ashkanasy. Organisational Sustainability Policies and Employee Green Behaviour: The Mediating Role of Work Climate Perceptions ［J］. Journal of Environmental Psychology, Vol. 38, 2014.

［89］Olson, E. G. Creating an Enterprise – level "Green" Strategy ［J］. Journal of Business Strategy, Vol. 29, 2008.

［90］Onwezen, M. C. , G. Antonides & J. Bartels . The Norm Activation Model: An exploration of the Functions of Anticipated Pride and Guilt in Pro – environmental Behavior ［J］. Journal of Economic Psychology, Vol. 39, 2013.

［91］Oreg, S. & T. Katz – Gerro. Predicting Proenvironmental Behavior Cross – Nationally: Values, the Theory of Planned Behavior, and Value – Belief – Norm Theory ［J］. Environment and Behavior, Vol. 38, 2006.

［92］O'Donohue, W. & N. Torugsa. The Moderating Effect of "Green" HRM on the Association between Proactive Environmental Management and Financial Performance in Small Firms ［J］. International Journal of Human Resource Management, Vol. 27, 2016.

［93］Ouellette, J. A. & W. Wood. Habit and Intention in Everyday Life: The Multiple Processes by Which Past Behavior Predicts Future Behavior ［J］. Psychological Bulletin, Vol. 124, 1998.

［94］Park, C. W. & V. P. Lessig. Students and Housewives: Differences in Susceptibility to Reference Group Influence ［J］. Journal of Consumer Research, Vol. 4, 1977.

［95］Parker, D. , A. S. R. Manstead & S. G. Stradling . Extending the Theory of Planned Behaviour: The Role of Personal Norm ［J］. British Journal of Social Psychology，Vol. 34，1995.

［96］Paswan，A.，F. Guzmán & J. Lewin. Attitudinal Determinants of Environmentally Sustainable Behavior ［J］. Journal of Consumer Marketing，Vol. 34，2017.

［97］Porter，M. E. & M. R. Kramer. Creating Shared Value ［J］. Harvard Business Review，Vol. 89，2011.

［98］Prothero，A.，S. Dobscha，J. Freund，et al. Sustainable Consumption：Opportunities for Consumer Research and Public Policy ［J］. Journal of Public Policy & Marketing，Vol. 30，2011.

［99］Quesada，G. C.，T. Klenke & L. M. Meja – Ortz. Regulatory Challenges in Realizing Integrated Coastal Management—Lessons from Germany，Costa Rica，Mexico and South Africa ［J］. Sustainability，Vol. 10，2018.

［100］Ragas，S. F. P.，F. M. A. Tantay，L. J. C. Chua，et al. Green Lifestyle Moderates GHRM's Impact on Job Performance ［J］. International Journal of Productivity and Performance Management，Vol. 66，2017.

［101］Ramus，C. A. & U. Steger. The Roles of Supervisory Support Behaviors and Environmental Policy in Employee "Ecoinitiatives" at Leading – edge European Companies ［J］. Academy of Management Journal，Vol. 43，2000.

［102］Rayner，J. &D. Morgan. An Empirical Study of "Green" Workplace Behaviours：Ability，Motivation and Opportunity ［J］. Asia Pacific Journal of Human Resources，Vol. 56，2018.

［103］Renata，D.，L. Genovaitė & M. Audronė. Sustainability at Universities：Students' Perceptions from Green and Non – Green Universities ［J］. Journal of Cleaner Production，Vol. 181，2018.

［104］Renwick，D. W. S.，T. Redman & S. Maguire. Green Human Resource Management：A Review and Research Agenda ［J］. International Journal of Management Reviews，Vol. 15，2013.

［105］Rios ，F. M. ，T. Luque Martinez，F. F. Moreno，et al. Improving Attitudes toward Brands with Environmental Associations：an Experimental Approach ［J］. The Journal of Consumer Marketing，Vol. 23，2006.

［106］Saeed，B. B.，B. Afsar，S. Hafeez，et al. Promoting Employee's Proenvironmental Behavior through Green Human Resource Management Practices ［J］. Corporate Social Responsibility and Environmental Management，Vol. 26，2018.

［107］Saifullah，H. & J. Li. Workplace Employee's Annual Physical Check – Up and During Hire on the Job to Increase Health Care – Awareness Perception to Prevent Diseases Risk：A Work for Policy Implementable Option to Globally ［J］. Safety and

Health at Work , Vol. 10, 2018.

[108] Schuhwerk, M. E. & R. Lefkoff – Hagius. Green or Non – Green? Does Type of Appeal Matter When Advertising a Green Product? [J]. Journal of Advertising, Vol. 24, 1995.

[109] Schwartz, S. H. Normative Influences on Altruism [J]. Advances in Experimental Social Psychology, Vol. 10, 1977.

[110] Setiawan, R. , W. Santosa & A. Sjafruddin. Integration of Theory of Planned Behavior and Norm Activation Model on Student Behavior Model Using Cars for Travelling to Campus [J]. Civil Engineering Dimension, Vol. 16, 2014.

[111] Shen, J. , J. Dumont & X. Deng. Employees' Perceptions of Green HRM and Non – Green Employee Work Outcomes: The Social Identity and Stakeholder Perspectives [J]. Group & Organization Management, Vol. 43, 2018.

[112] Singh, S. K. & A. N. El – Kassar. Role of Big Data Analytics in Developing Sustainable Capabilities [J]. Journal of Cleaner Production, Vol. 213, 2019.

[113] Singh, C. , D. Singh & J. S. Khamba. Analyzing Barriers of Green Lean Practices in Manufacturing Industries by DEMATEL Approach [J]. Journal of Manufacturing Technology Management, Vol. 32, 2021.

[114] Smallman, C. & G. John. British Directors Perspectives on the Impact of Health and Safety on Corporate Performance [J]. Safety Science , Vol. 38, 2001.

[115] Song, K. , H. Kim, J. Cha, et al. Matching and Mismatching of Green Jobs: A Big Data Analysis of Job Recruiting and Searching [J]. Sustainability , Vol. 13, 2021.

[116] Steg, L. & J. De Groot. Explaining Prosocial Intentions: Testing Causal Relationships in the Norm Activation Model [J]. British Journal of Social Psychology, Vol. 49, 2010.

[117] Stern, P. C. Toward a Coherent Theory of Environmentally Significant Behavior [J]. Journal of Social Issues, Vol. 56, 2000.

[118] Stern, P. C. , T. Dietz, T. D. Abel, et al. A Value – Belief – Norm Theory of Support for Social Movements: the Case of Environmentalism [J]. Human Ecology Review, Vol. 6, 1999.

[119] Tachizawa, E. , C. Gimenez & V. Sierra. Green Supply Chain Management Approaches: Drivers and Performance Implications [J]. International Journal of Operations & Production Management, Vol. 35, 2015.

[120] Tan, L. P. , M. L. Johnstone & L. Yang. Barriers to Green Consumption Behaviours: The Roles of Consumers' Green Perceptions [J]. Australasian Marketing

Journal, Vol. 24, 2016.

[121] Tang, G., Y. Chen, Y. Jiang, et al. Green Human Resource Management Practices: Scale Development and Validity [J]. Asia Pacific Journal of Human Resources, Vol. 56, 2018.

[122] Teo, E., F. Ling & D. Ong. Fostering Safe Work Behaviour in Workers at Construction Sites [J]. Engineering, Construction and Architectural Management, Vol. 12, 2005.

[123] Testa, F., N. M. Gusmerottia, F. Corsini, et al. Factors Affecting Environmental Management by Small and Microfirms: The Importance of Entrepreneurs' Attitudes and Environmental Investment [J]. Corporate Social Responsibility & Environmental Management, Vol. 23, 2016.

[124] Thøgersen, J. &F. Ölander. The Dynamic Interaction of Personal Norms and Environment – Friendly Buying Behavior: A Panel Study [J]. Journal of Applied Social Psychology, Vol. 36, 2006.

[125] Vining, J. &A. Ebreo. Predicting Recycling Behavior from Global and Specific Environmental Attitudes and Change in Recycling Opportunities [J]. Journal of Applied Social Psychology, Vol. 22, 1992.

[126] Vinodkumar, M. N. & M. Bhasi. Safety Climate Factors and its Relationship with Accidents and Personal Attributes in the Chemical Industry [J]. Safety Science, Vol. 47, 2009.

[127] Wanberg, C. R. & J. T. Banas. Predictors and Outcomes of Openness to Changes in a Reorganizing Workplace [J]. The Journal of Applied Psychology, Vol. 85, 2000.

[128] Wati, Y., C. Koo & N. Chung. Intention to Use Green IT/IS: A Model of Multiple Factors [R]. International Conference on Commerce and Enterprise Computing, 2011.

[129] Webb, T. L. & P. Sheeran. Does Changing Intentions Engender Behavior Change? A Meta – Analysis of Experimental Evidence [J]. Psychological Bulletin, Vol. 132, 2006.

[130] Weigel, R. &J. Weigel. Environmental Concern: The Development of a Measure [J]. Environmental Psychology and Nonverbal Behavior, Vol. 10, 1978.

[131] Wiidegren, O. The New Environmental Paradigm and Personal Norms [J]. Environmental Psychology and Nonverbal Behavior, Vol. 30, 1998.

[132] Wright, M. & S. Marsden. A Response to the CCA Report "Making Companies Safe: What Works" [J]. Research Report 332, HSE Books, Sudbury, 2005.

［133］Wright, P. M. , B. B. Dunford & S. A. Snell. Human Resources and the Resource Based View of the Firm ［J］. Journal of Management, Vol. 27, 2001.

［134］Xiao, C. , R. E. Dunlap & D. Hong. The Nature and Bases of Environmental Concern among Chinese Citizens ［J］. Social Science Quarterly, Vol. 94, 2013.

［135］Yaacob, M. R. & A. Zakaria. Customers' Awareness, Perception and Future Prospects of Green Products In Pahang, Malaysia ［J］. The Journal of Commerce, Vol. 3, 2011.

［136］Yong, J. K. , W. G. Kim, H. M. Choi, et al. The Effect of Green Human Resource Management on Hotel Employees' Eco – friendly Behavior and Environmental Performance ［J］. International Journal of Hospitality Management, Vol. 76, 2019.

［137］Yong, J. Y. &Y. Mohd – Yusoff. Studying the Influence of Strategic Human Resource Competencies on the Adoption of Green Human Resource Management Practices ［J］. Industrial & Commercial Training, Vol. 48, 2016.

［138］Zhang, Y. , Z. Wang &G. Zhou. Antecedents of Employee Electricity Saving Behavior in Organizations：An Empirical Study Based on Norm Activation Model ［J］. Energy Policy, Vol. 62, 2013.

［139］Zohar, D. Safety Climate in Industrial Organizations：Theoretical and Applied Implications ［J］. Journal of Applied Psychology, Vol. 65, 1980.

［140］艾肯. 态度与行为：理论、测量和研究 ［M］. 北京：中国轻工业出版社, 2008.

［141］曹秀兰, 韩豫, 周烨雯等. 面向建筑工人的安全投入对工人安全绩效的影响 ［J］. 土木工程与管理学报, 2018 (3).

［142］陈国权, 周琦玮. 基于二维矩阵的个体从成功和失败经历中学习的理论和实践研究 ［J］. 中国管理科学, 2019 (9).

［143］陈凯, 严俊杰, 王纯. 网络绿色广告对消费者行为的影响——基于感知互动性的中介效应检验 ［J］. 环境经济研究, 2019 (1).

［144］陈宗仕, 黄彦婷, 沈秋宜等. 从环境关注到环保意愿——知识、财富与组织经历的调节作用 ［J］. 浙江学刊, 2018 (3).

［145］程恩富. 论新常态下的五大发展理念 ［J］. 南京财经大学学报, 2016 (1).

［146］崔小雨. 绩效考核目标取向对员工创新行为的影响研究 ［D］. 华南理工大学硕士学位论文, 2018.

［147］丁道勇. 作为一种教育隐喻的"绿色教育" ［J］. 北京师范大学学报 (社会科学版), 2011 (5).

［148］方兰，陈龙．"绿色化"思想的源流、科学内涵及推进路径［J］．陕西师范大学学报（哲学社会科学版），2015（5）．

［149］方远平，张琦，李军等．参照群体对游客亲环境行为的影响机制——基于广州市海珠湿地公园的游客群组差异分析［J］．经济地理，2020（1）．

［150］冯全功，徐雪飞．"绿色"与 Green 的对译研究［J］．中国外语研究，2017（1）．

［151］高艳，原璐璐．经济转型下绿色人力资源管理的策略研究［J］．金融经济，2015（20）．

［152］郭清卉，李世平，李昊．社会规范、个人规范与农户有机肥施用行为研究——基于有机肥认知的调节效应［J］．干旱区资源与环境，2020（1）．

［153］何小琏，李小聪．绿色激励：激励发展的新趋势［J］．科技管理研究，2007（1）．

［154］贺爱忠，邓天翔．典型非绿色消费行为形成机理研究［J］．经济管理，2014（1）．

［155］贺爱忠，唐宇，戴志利．城市居民环保行为的内在机理［J］．城市问题，2012（1）．

［156］洪大用，范叶超，肖晨阳．检验环境关心量表的中国版（CNEP）——基于 CGSS2010 数据的再分析［J］．社会学研究，2014（4）．

［157］洪大用，卢春天．公众环境关心的多层分析——基于中国 CGSS2003 的数据应用［J］．社会学研究，2011（6）．

［158］胡保玲．参照群体影响、主观规范与农村居民消费意愿［J］．企业经济，2014（4）．

［159］黄旭，陈青，刘丹萍．绿色人力资源管理培训研究［J］．中国劳动，2016（10）．

［160］蒋翠珍，罗传勇，曾国华．城乡居民医保一体化背景下医疗费用变化：趋势与特征［J］．江西理工大学学报，2018（4）．

［161］凯西·卡麦兹著．建构扎根理论：质性研究实践指南［M］．边国英译．重庆：重庆大学出版社，2009．

［162］康廷虎，范小燕．情景知觉过程中的视觉记忆［J］．心理科学进展，2013（12）．

［163］雷茵茹，崔丽娟，李伟等．环境教育对青少年亲环境行为的影响作用分析——以湿地科普宣教教育为例［J］．科普研究，2019（1）．

［164］李宝元，黄韬．绿色经济背景下的人力资源能力建设［J］．财经问题研究，2010（10）．

［165］李广培，李艳歌，全佳敏．环境规制、R&D 投入与企业绿色技术创

新能力［J］．科学学与科学技术管理，2018（11）．

［166］李广培，吴金华．个体视角的绿色创新行为路径：知识共享的调节效应［J］．科学学与科学技术管理，2017（2）．

［167］李海，张勉，杨百寅．绩效评价对组织公民行为的影响：组织承诺的中介作用［J］．管理工程学报，2010（1）．

［168］李厚锐，高清，谭庆飞．环境保护感知对员工态度的影响［J］．现代管理科学，2014（3）．

［169］李梦园．亲环境组织氛围对环保组织公民行为的影响研究［D］．湖北大学硕士学位论文，2018.

［170］李艺伟，肖凤秋，陈英和．消极刺激相似性对幼儿未来事件认知的影响［J］．心理与行为研究，2015（3）．

［171］廖琴，曾静静，曲建升．国外环境与健康发展战略计划及其启示［J］．环境与健康杂志，2014（7）．

［172］刘贝妮．健康领导力的结构维度及其对下属的影响机制研究［J］．领导科学，2016（29）．

［173］刘斌．大气污染与公众健康：空间溢出与非线性解释［D］．东北财经大学硕士学位论文，2018.

［174］刘佳鑫，许刚，齐敏．企业绿色管理模式探究［J］．生态经济，2017（8）．

［175］刘竟婷．管理者对员工绿色行为影响机制的研究［D］．北京交通大学硕士学位论文，2016.

［176］刘俊振，刘诗悦，常春阳．中国绿领人力资源开发的路径与机制研究［J］．中国人口·资源与环境，2016（S2）．

［177］刘婷，谢鹏鑫．绿色人力资源管理：撬动低碳经济的新支点［J］．企业研究，2011（11）．

［178］刘先涛，石俊．基于低碳经济的绿色人力资源管理研究［J］．生态经济，2014（9）．

［179］刘贤伟，吴建平．环境关心量表的信效度研究及应用［J］．中国健康心理学杂志，2012（7）．

［180］刘枭．组织支持、组织激励、员工行为与研发团队创新绩效的作用机理研究［D］．浙江大学硕士学位论文，2011.

［181］刘新霞，黄国贤，陈浩等．中小企业员工职业安全氛围感知及安全态度与安全行为调查［J］．中国职业医学，2013（3）．

［182］柳之啸，李其槐，甘怡群等．健康态度与健康行为的一致性——一个有调节的中介模型［J］．中国心理卫生杂志，2014（8）．

［183］卢红旭．领导风格对安全建言的影响机制研究［D］．浙江大学硕士学位论文，2017.

［184］卢志坚，李美俊，孟宣辰．高校生态文明教育对大学生绿色行为的影响分析——以上海为例［J］．干旱区资源与环境，2019（12）．

［185］芦慧，杜巍，柯江林．组织制度支持感研究——内涵、结构和测量［J］．软科学，2016（3）．

［186］梅鹏．亲环境领导对员工亲环境行为影响的作用机制研究［D］．南京财经大学硕士学位论文，2016.

［187］米海德．绿色人力资源管理实践对工作满意度和资源效率的影响［D］．哈尔滨工业大学硕士学位论文，2017.

［188］欧阳志远．社会根本矛盾演变与中国绿色发展解析［J］．当代世界与社会主义，2014（5）．

［189］潘楚林，田虹．前瞻型环境战略对企业绿色创新绩效的影响研究——绿色智力资本与吸收能力的链式中介作用［J］．财经论丛，2016（7）．

［190］盘荣健．绿色产品营销感知要素对绿色消费行为的影响研究［D］．广东外语外贸大学硕士学位论文，2018.

［191］彭坚，侯楠，庞宇．员工绿色行为的影响因素及其理论解释［J］．心理科学进展，2019（7）．

［192］秦美婷，李金龙．"雾霾事件"中京津冀地区公众健康与环境科普需求之研究［J］．科普研究，2014（4）．

［193］秦书生，王旭，付晗宁．中国推进绿色发展的困境与对策——基于生态文明建设融入经济建设的探究［J］．生态经济，2015（7）．

［194］盛光华，龚思羽，解芳．中国消费者绿色购买意愿形成的理论依据与实证检验——基于生态价值观、个人感知相关性的 TPB 拓展模型［J］．吉林大学社会科学学报，2019（1）．

［195］石建忠，刘群慧．绿色人假设的提出及对其概念、内涵的界定［J］．科技管理研究，2013（14）．

［196］石俊．石油企业绿色人力资源管理模式研究［D］．西南石油大学博士学位论文，2014.

［197］石志恒，张衡．基于扩展价值—信念—规范理论的农户绿色生产行为研究［J］．干旱区资源与环境，2020（8）．

［198］史丹．绿色发展与全球工业化的新阶段：中国的进展与比较［J］．中国工业经济，2018（10）．

［199］唐贵瑶，陈琳，陈扬等．高管人力资源管理承诺、绿色人力资源管理与企业绩效：企业规模的调节作用［J］．南开管理评论，2019（4）．

［200］唐国平，李龙会．股权结构、产权性质与企业环保投资：来自中国 A 股上市公司的经验证据［J］．财经问题研究，2013（3）．

［201］万玺．AMO 理论视角下中国绿色人力资源管理初探——一个微观研究视角［J］．中国人力资源开发，2012（10）．

［202］王保进．窗口版 SPSS 与行为科学研究［M］．台北：心理出版社，2002.

［203］王才，周文斌，赵素芳．机器人规模应用与工作不安全感——基于员工职业能力调节的研究［J］．经济管理，2019（4）．

［204］王建国，杜宇．基于组织支持理论的员工绿色行为意向研究［J］．安徽理工大学学报（社会科学版），2014（6）．

［205］王建明．公众低碳消费行为影响机制和干预路径整合模型［M］．北京：中国社会科学出版社，2012.

［206］王协顺，苏彦捷．从动作模仿到社会认知：自我—他人控制的作用［J］．心理科学进展，2019（4）．

［207］魏锦秀，李岫．绿色人力资源管理：一种新的管理理念［J］．甘肃科技纵横，2006（2）．

［208］吴灵琼．环境教育何以可能——基于中国城市儿童群体亲环境行为影响因素的实证研究［J］．少年儿童研究，2019（9）．

［209］吴明隆，涂金堂．SPSS 与统计应用分析［M］．大连：东北财经大学出版社，2012.

［210］吴明隆．问卷统计分析实务——SPSS 操作与应用［M］．重庆：重庆大学出版社，2015.

［211］邢璐，林钰莹，何欣露等．理性与感性的较量：责任型领导影响下属绿色行为的双路径探讨［J］．中国人力资源开发，2017（1）．

［212］徐宗阳．资本下乡的农业经营实践——一个公司型农场内部的关系与风气［J］．南京农业大学学报（社会科学版），2019（6）．

［213］薛永基，白雪珊，胡煜晗．感知价值与预期后悔影响绿色食品购买意向的实证研究［J］．软科学，2016（11）．

［214］羊轶驹，曾娜，沈敏学等．绿色医院的国内外发展现状［J］．中南大学学报（医学版），2013（9）．

［215］杨朝飞．绿色发展与环境保护［J］．理论视野，2015（12）．

［216］杨光．绿色人力资源管理——人力资源管理的绿色化［J］．管理评论，2003（10）．

［217］杨冉冉．城市居民绿色出行行为的驱动机理与政策研究［D］．中国矿业大学博士学位论文，2016.

[218] 杨煜．感知行为控制、感知产品创新与购买意愿的关系研究——以绿色变轨型高技术产品为例［J］．天津大学学报（社会科学版），2019（2）．

[219] 姚裕群，国福丽．绿色发展视角下的健康适度劳动问题［J］．中国劳动关系学院学报，2018（6）．

[220] 叶进杰．不同"态度—行为缺口"消费者的绿色消费感知价值差异研究［D］．广西师范大学硕士学位论文，2018.

[221] 余永跃，雒丽．坚定不移贯彻新发展理念　建设社会主义生态文明［J］．毛泽东研究，2017（5）．

[222] 俞吾金．"社会风气"应当如何理解［J］．探索与争鸣，2012（1）．

[223] 袁红平，王婧．项目管理者的废弃物减量化行为研究［J］．科技管理研究，2018（3）．

[224] 原璐璐．绿色人力资源管理对企业环境绩效的影响机制研究［D］．西北大学硕士学位论文，2016.

[225] 原田玲仁．每天懂一点色彩心理学．实用篇［M］．郭勇译．长沙：湖南文艺出版，2013.

[226] 岳婷．城市居民节能行为影响因素及引导政策研究［D］．中国矿业大学博士学位论文，2014.

[227] 曾空，徐方平．习近平总书记的绿色发展思想［J］．决策与信息，2017（8）．

[228] 张洁．隔代教养祖辈的身体健康感知与死亡焦虑的关系：生命意义的中介效应［D］．四川师范大学硕士学位论文，2018.

[229] 张婕，樊耘，纪晓鹏．组织变革因素与员工对变革反应关系研究［J］．管理评论，2013（11）．

[230] 张晶晶，余真真，田浩．亲环境行为的情理整合模型：生态情感卷入的作用［J］．心理技术与应用，2018（8）．

[231] 张瑞娟，尹奎．人力资源管理对组织绩效的作用——基于计划的、实施的和员工感知的人力资源管理的视角［J］．中国人力资源开发，2018（8）．

[232] 张晓杰，靳慧蓉，娄成武．规范激活理论：公众环保行为的有效预测模型［J］．东北大学学报（社会科学版），2016（6）．

[233] 张玉静，段雯祎．绿色人力资源管理理论框架及其管理启示［J］．人力资源管理，2014（2）．

[234] 张悦．监管制度、行业属性与企业环境投资：基于行业差异的影响因素识别与解析［J］．工业技术经济，2017（5）．

[235] 赵建军．人与自然的和解："绿色发展"的价值观审视［J］．哲学研

究，2012（9）．

[236] 赵素芳，王才，周文斌．绿色人力资源管理实践感知、资质过高感与员工绿色行为 [J] ．科技进步与对策，2019（16）．

[237] 赵素芳，王才．员工不安全感与创新绩效的关系——成长需求强度和组织学习的作用 [J] ．华北理工大学学报（社会科学版），2021（3）．

[238] 赵素芳，周文斌．领导容错与员工绿色沉默行为 [J] ．首都经济贸易大学学报，2021（1）．

[239] 赵素芳，周文斌．中国绿色人力资源管理研究现状、实施障碍与研究展望 [J] ．领导科学，2019（10）．

[240] 赵素芳．山西民营企业基于安全意识的企业文化构建 [J] ．现代企业，2015（10）．

[241] 赵文军，谢守美．大学生移动阅读感知价值、满意度与行为意向的关系：以超星移动阅读 APP 平台为例 [J] ．图书情报工作，2019（3）．

[242] 郑君君，张兵，程翼等．基于无标度网络的绿色出行选择行为研究 [J] ．中国管理科学，2019（10）．

[243] 智喜荷，宫叶琴．哮喘病人呼吸困难信念及身体健康感知的研究现状 [J] ．全科护理，2017（30）．

[244] 周浩，龙立荣．组织员工的工作疏离感：人格特质与工作特征的交互效应 [J] ．心理与行为研究，2017（3）．

[245] 周金帆，张光磊．绿色人力资源管理实践对员工绿色行为的影响机制研究——基于自我决定理论的视角 [J] ．中国人力资源开发，2018（7）．

[246] 周蕾．消费者创新性、顾客绿色感知价值与绿色消费意图的关系研究 [D] ．吉林大学硕士学位论文，2015.

[247] 周全，汤书昆．媒介使用与中国公众的亲环境行为：环境知识与环境风险感知的多重中介效应分析 [J] ．中国地质大学学报（社会科学版），2017（5）．

[248] 周文斌，张任之．绿色发展理念下的企业员工绿色管理研究 [J] ．理论学刊，2019（6）．

附录一 访谈提纲

1. 您认为绿色工作应该是什么样的状态？
2. 您的单位有哪些措施来促进绿色工作吗？
3. 您在工作中有哪些绿色行为？受到哪些因素的影响？
4. 您认为绿色工作的实现有难度吗？如果有，那么困难点体现在哪些方面？
5. 您是否遇到想保持绿色工作但又放弃的情况？什么因素导致的？为什么？

附录二 初始问卷

尊敬的女士/先生：

您好！本问卷是对您工作现状的调查，仅用于学术研究，请根据您的实际感受进行填写。问卷采用匿名形式，选择无对错之分，您的参与将会大大提升本次研究的价值。衷心感谢您在百忙之中热情参与。

小贴士：

问卷中提到的绿色工作是指在工作过程中注重节约使用资源和避免破坏环境，同时注重保障自身身心健康和安全的工作过程。

Q1. 您的性别

○ 男　　○ 女

Q2. 您的年龄段

○ 18～24 岁　　○ 25～29 岁　　○ 30～34 岁　　○ 35～39 岁

○ 40～44 岁　　○ 45～49 岁　　○ 50 岁以上

Q3. 您的学历

○ 高中（包括普通高中、职高、中专）及以下　　○ 大专　　○ 本科　　○ 硕士及以上

Q4. 您的职位层级

○ 基层员工　　○ 基层管理者　　○ 中层管理者　　○ 高层管理者

Q5. 您在现单位的工作年限

○ <1 年　　　　○ 1～3 年　　　　○ 3～5 年　　　　○ 5～10 年

○ 10～15 年　　○ 15 年以上

Q6. 您所属单位性质

○ 国有企业　　　　○ 集体所有制企业　　　　　○ 股份合作企业

○ 联营企业　　　　○ 有限责任公司　　　　　　○ 股份有限公司

○ 私营企业　　　　○ 中国港、澳、台商投资企业　　○ 外商投资企业

Q7. 您的居住状况

○ 与父母同住　　○ 与伴侣同住　　○ 与父母、伴侣同住

○ 与朋友同住　　○ 单独居住

Q8. 您的家庭中是否有未成年人

○ 有　　○ 没有

Q9. 请根据您的工作实际，选择适合的选项

	完全不同意	不太同意	一般	比较同意	完全同意
Q9-1 节约或重复利用工作资源是非常重要的					
Q9-2 工作中防止造成环境破坏很有必要					
Q9-3 节约资源保护环境问题优先级应靠前					
Q9-4 保证安全健康工作是第一位的					
Q9-5 降低工作中的健康风险很重要					
Q9-6 安全健康的工作环境应是职业选择的重要因素					
Q9-7 每个人都应该对节约资源保护环境负责					
Q9-8 我能快速识别工作造成的环境破坏					
Q9-9 我能快速识别浪费资源的情况					
Q9-10 我能察觉到工作可能带来的健康损耗					
Q9-11 当我的健康出现问题时我会立即察觉到					
Q9-12 当工作压力过大、精神紧张时，我能意识到					
Q9-13 在工作中，重复充分利用资源是可以实现的					
Q9-14 在工作中，保护环境方面还可以做得更好					
Q9-15 可以做到及时关闭电脑设备等					
Q9-16 可以做到遵守安全工作条例					
Q9-17 工作压力可以通过各种方式得到缓解					
Q9-18 大多数职业危害事件是可以避免的					

Q10. 请结合您的工作实际，选择适合的选项

	完全不同意	不太同意	一般	比较同意	完全同意
Q10-1 我愿意节约各种资源、避免破坏环境，例如，关电脑、关电源、使用环保纸张或原材料等					
Q10-2 我愿意和同事分享关于资源节约或防止污染的信息					
Q10-3 我不愿意因工作而损害我的身心健康					
Q10-4 我愿意和同事分享关于健康安全工作的信息					

续表

	完全不同意	不太同意	一般	比较同意	完全同意
Q10-5 我愿意帮助同事在工作中节约资源、避免破坏环境					
Q10-6 我愿意提醒同事遵守安全条例					
Q10-7 我不愿在不重视职员安全健康的单位工作					
Q10-8 我不愿意在有环境污染的单位工作					

Q11. 请结合您的工作实际,选择适合的选项

	完全不同意	不太同意	一般	比较同意	完全同意
Q11-1 工作中我都尽可能避免破坏环境和浪费资源					
Q11-2 我拒绝引起环境破坏的工作安排					
Q11-3 我主动向上级汇报存在的安全健康风险					
Q11-4 我尝试降低自身工作要求,以达到身心平和					
Q11-5 工作中我经常提醒同事如何避免破坏环境					
Q11-6 工作中我经常提醒同事遵守安全条例等以保持健康状态					

Q12. 请根据您的实际感受,选择适合的选项

	非常不重视	不太重视	一般	比较重视	非常重视
Q12-1 学校在传授环保知识方面					
Q12-2 学校在引导身心健康方面					
Q12-3 家庭在引导环保行为和意识方面					
Q12-4 家庭在教导身心健康方面					
Q12-5 各类媒体在宣传环保知识、环保典型方面					
Q12-6 各类媒体在宣传身心健康、职业安全方面					

Q13. 请根据您的实际情况进行判断

	完全不符合	不太符合	一般	比较符合	完全符合
Q13-1 单位在保障安全健康方面投入很大(包括职工体检、安全设备、劳保用品、心理疏导等)					
Q13-2 单位制定了完善的保障职工健康安全的工作规范					

	完全不符合	不太符合	一般	比较符合	完全符合
Q13-3 单位对安全健康工作过程进行考核					
Q13-4 不采用健康安全工作方式或违规操作，会受到批评甚至惩罚					
Q13-5 采用安全工作方式，保持健康工作状态会受到奖励					
Q13-6 组织形成了重视安全健康的氛围					
Q13-7 管理者重视下属提出的健康安全意见					
Q13-8 管理者能察觉并指导员工出现的安全健康问题					
Q13-9 管理者自身非常重视安全健康工作					
Q13-10 单位在节约资源和环境保护方面的投入很大（包括资金、设备等）					
Q13-11 单位制定了循环利用资源或防止环境污染的工作规范或行动指南					
Q13-12 工作中会对环保行为过程及结果进行考核					
Q13-13 不采用环保工作方式，职员会受到批评甚至惩罚					
Q13-14 采用环保工作方式，单位会奖励职员					
Q13-15 组织形成了循环利用资源和保护环境的氛围					
Q13-16 管理者重视下属提出的环保意见					
Q13-17 管理者能发现并指导下属工作过程中存在的资源使用等环保问题					
Q13-18 管理者自身采用环保的工作方式					

Q14. 请根据您的实际情况进行判断

	完全不同意	不太同意	一般	比较同意	完全同意
Q14-1 我会向周围的人寻求或学习绿色工作的相关信息或指导					
Q14-2 为了同事关系融洽，我的工作方式会受到他们偏好的影响					
Q14-3 我的工作方式会受到组织中权威人士行为偏好的影响					

	完全不同意	不太同意	一般	比较同意	完全同意
Q14-4 重要他人对我的期望会影响我的工作方式选择					
Q14-5 我会从同事那里寻求工作方式的信息					
Q14-6 我会从领导那里寻求工作方式的信息					

Q15. 请根据您的实际情况进行判断

	完全不同意	不太同意	一般	比较同意	完全同意
Q15-1 考虑自己在单位所处的职位，我觉得应该绿色工作					
Q15-2 我认为绿色工作是正确的选择					
Q15-3 我认为绿色工作是每个人的责任					
Q15-4 如果我工作非绿色，我会感觉有点内疚					
Q15-5 从道德上来说，我有责任保持绿色工作					
Q15-6 如果浪费资源或违反安全条例，我会很自责					

Q16. 您是否认同绿色工作带来的如下结果

	完全不同意	不太同意	一般	比较同意	完全同意
Q16-1 节约企业成本					
Q16-2 提升企业社会形象					
Q16-3 提升企业对求职者的吸引力					
Q16-4 使工作环境更舒心					
Q16-5 提升工作满意感					
Q16-6 提升工作自豪感					
Q16-7 提升工作动力					

Q17. 您对以下事件的记忆程度

	非常不清晰	不太清晰	一般	比较清晰	非常清晰
Q17-1 节约资源保护环境的事件					
Q17-2 破坏环境、污染环境的事件					
Q17-3 保障职业健康的事件					
Q17-4 发生的职业危害事件					

Q18. 下列因素在多大程度上影响您对绿色工作方式的选择

	完全不同意	不太同意	一般	比较同意	完全同意
Q18-1 需要额外付出的程度（时间、精力等）					
Q18-2 使工作变得复杂的程度					
Q18-3 改变工作习惯的程度					
Q18-4 带来的不适应程度					

附录三　追踪调查提纲

1. 您是否认同组织和个人都应注重工作的绿色化？具体原因是什么？

2. 假如您所在的单位积极推进绿色工作，您认为其驱动因素是什么？当单位消极应对绿色工作时，其背后原因又是什么？如何解决？

3. 就您个人而言，您的绿色认识和行为是否一致？保持一致时需克服哪些困难？不一致时是由哪些原因导致的？

4. 请您说明引导员工工作绿色化的有效措施。